# REGISTRE UNIQUE DU PERSON

## CONFORME AU CODE DU TRAVAIL

**RAISON SOCIALE :** ......................................................................

**ADRESSE :** ..............................................................................

..............................................................................

**CODE POSTAL :** ......................................................................

**N° SIREN :** ..........................................................................

**TELEPHONE :** ........................................................................

**E-MAIL :** ..............................................................................

## ÉDITION 2021

# RAPPEL DE LA LOI

## Article L1221-13 du code de travail

Un registre unique du personnel est tenu dans tout établissement où sont employés des salariés.

Les noms et prénoms de tous les salariés sont inscrits dans l'ordre des embauches. Ces mentions sont portées sur le registre au moment de l'embauche et de façon indélébile.

Les nom et prénoms des stagiaires et des personnes volontaires en service civique au sens de l'article L. 120-1 du code du service national accueillis dans l'établissement sont inscrits dans l'ordre d'arrivée, dans une partie spécifique du registre unique du personnel.

Les indications complémentaires à mentionner sur ce registre, soit pour l'ensemble des salariés, soit pour certaines catégories seulement, soit pour les stagiaires et les personnes volontaires en service civique mentionnés au troisième alinéa, sont définies par voie réglementaire.

## Article D1221-23

Les indications complémentaires portées sur le registre unique du personnel pour chaque salarié, mentionnées au troisième alinéa de l'article L. 1221-13, sont les suivantes :

1° La nationalité ;

2° La date de naissance ;

3° Le sexe ;

4° L'emploi ;

5° La qualification ;

6° Les dates d'entrée et de sortie de l'établissement ;

7° Lorsqu'une autorisation d'embauche ou de licenciement est requise, la date de cette autorisation ou, à défaut, la date de la demande d'autorisation ;

8° Pour les travailleurs étrangers assujettis à la possession d'un titre autorisant l'exercice d'une activité salariée, le type et le numéro d'ordre du titre valant autorisation de travail ;

9° Pour les travailleurs titulaires d'un contrat de travail à durée déterminée, la mention « contrat à durée déterminée » ;

10° Pour les salariés temporaires, la mention « salarié temporaire » ainsi que le nom et l'adresse de l'entreprise de travail temporaire ;

11° Pour les travailleurs mis à disposition par un groupement d'employeurs, la mention « mis à disposition par un groupement d'employeurs » ainsi que la dénomination et l'adresse de ce dernier ;

12° Pour les salariés à temps partiel, la mention « salarié à temps partiel » ;

13° Pour les jeunes travailleurs titulaires d'un contrat d'apprentissage ou de professionnalisation, la mention « apprenti » ou « contrat de professionnalisation ».

**N° d'embauche**

## Identification et Carrière

Nom : ....................................................................................

Prénom : ................................................................................

Date de naissance : ....................... Nationalité : ...........................

Sexe : ............................... N° de sécurité sociale : ....................

Adresse : .............................................................................

Emploi : ..............................................................................

Qualification : .......................................................................

Date d'entrée dans l'entreprise : ....................................................

Date de sortie de l'entreprise : .....................................................

## Type de Contrat

○ Contrat à durée indéterminée      ○ Apprenti

○ Contrat à durée déterminée        ○ Contrat de professionnalisation

○ Salarié à temps complet           ○ Salarié à temps partiel

○ Mis à disposition par un groupement   ○ Salarié temporaire
   d'employeurs (Nom et adresse du groupement)      (Nom et adresse du groupement)

.................................................    .................................................

○ Stagiaire                          ○ Autre : ...................................

## Travailleur étranger

Type, date et numéro du titre autorisant le travail : ...........................

....................................................................................

°Copie du titre à intégrer dans le dossier salarié

## Stagiaire

Nom et prénom du tuteur : ............................................................

Lieu de présence : ...................................................................

Note : ...............................................................................

....................................................................................

**N° d'embauche**

## Identification et Carrière

Nom : ............................................................................................

Prénom : ......................................................................................

Date de naissance : ........................ Nationalité : ......................................

Sexe : ........................................ N° de sécurité sociale : ......................

Adresse : .....................................................................................

Emploi : ......................................................................................

Qualification : ...............................................................................

Date d'entrée dans l'entreprise : ...........................................................

Date de sortie de l'entreprise : ............................................................

## Type de Contrat

○ Contrat à durée indéterminée     ○ Apprenti

○ Contrat à durée déterminée     ○ Contrat de professionnalisation

○ Salarié à temps complet     ○ Salarié à temps partiel

○ Mis à disposition par un groupement    ○ Salarié temporaire

d'employeurs (Nom et adresse du groupement)     (Nom et adresse du groupement)

........................................................    ........................................................

○ Stagiaire     ○ Autre : ........................................

## Travailleur étranger

Type, date et numéro du titre autorisant le travail : ......................................

.................................................................................................

°Copie du titre à intégrer dans le dossier salarié

## Stagiaire

Nom et prénom du tuteur : .................................................................

Lieu de présence : ..........................................................................

Note : ........................................................................................

.................................................................................................

## N° d'embauche

## Identification et Carrière

Nom : ...............................................................................................

Prénom : ...........................................................................................

Date de naissance : ........................  Nationalité : ...............................

Sexe : ...............................................  N° de sécurité sociale : ...............

Adresse : ...........................................................................................

Emploi : .............................................................................................

Qualification : ...................................................................................

Date d'entrée dans l'entreprise : ......................................................

Date de sortie de l'entreprise : ........................................................

## Type de Contrat

O Contrat à durée indéterminée       O Apprenti

O Contrat à durée déterminée          O Contrat de professionnalisation

O Salarié à temps complet               O Salarié à temps partiel

O Mis à disposition par un groupement   O Salarié temporaire

  d'employeurs (Nom et adresse du groupement)      (Nom et adresse du groupement)

.................................................       .................................................

O Stagiaire                                    O Autre : .................................

## Travailleur étranger

Type, date et numéro du titre autorisant le travail : ...............................

..........................................................................................................

°Copie du titre à intégrer dans le dossier salarié

## Stagiaire

Nom et prénom du tuteur : ...............................................................

Lieu de présence : ...........................................................................

Note : ...............................................................................................

..........................................................................................................

## N° d'embauche

## Identification et Carrière

Nom : ....................................................................................................

Prénom : ..............................................................................................

Date de naissance : ...................... Nationalité : ...............................

Sexe : ........................................... N° de sécurité sociale : ...............

Adresse : ...............................................................................................

Emploi : .................................................................................................

Qualification : .......................................................................................

Date d'entrée dans l'entreprise : .......................................................

Date de sortie de l'entreprise : ..........................................................

## Type de Contrat

○ Contrat à durée indéterminée        ○ Apprenti

○ Contrat à durée déterminée          ○ Contrat de professionnalisation

○ Salarié à temps complet             ○ Salarié à temps partiel

○ Mis à disposition par un groupement ○ Salarié temporaire

   d'employeurs (Nom et adresse du groupement)      (Nom et adresse du groupement)

............................................        ............................................

○ Stagiaire                           ○ Autre : ...................................

## Travailleur étranger

Type, date et numéro du titre autorisant le travail : ...............................

....................................................................................................

°Copie du titre à intégrer dans le dossier salarié

## Stagiaire

Nom et prénom du tuteur : ...................................................................

Lieu de présence : .................................................................................

Note : ....................................................................................................

....................................................................................................

## N° d'embauche

## Identification et Carrière

Nom : ...........................................................................................................

Prénom : .....................................................................................................

Date de naissance : ...........................  Nationalité : ...................................

Sexe : ................................................  N° de sécurité sociale : ...................

Adresse : ....................................................................................................

Emploi : .....................................................................................................

Qualification : ............................................................................................

Date d'entrée dans l'entreprise : ...............................................................

Date de sortie de l'entreprise : ...................................................................

## Type de Contrat

○ Contrat à durée indéterminée          ○ Apprenti

○ Contrat à durée déterminée             ○ Contrat de professionnalisation

○ Salarié à temps complet                 ○ Salarié à temps partiel

○ Mis à disposition par un groupement  ○ Salarié temporaire

   d'employeurs (Nom et adresse du groupement)      (Nom et adresse du groupement)

.................................................          .................................................

○ Stagiaire                                    ○ Autre : .........................................

## Travailleur étranger

Type, date et numéro du titre autorisant le travail : ...................................

.....................................................................................................................

°Copie du titre à intégrer dans le dossier salarié

## Stagiaire

Nom et prénom du tuteur : ..........................................................................

Lieu de présence : .......................................................................................

Note : .........................................................................................................

.....................................................................................................................

**N° d'embauche**

## Identification et Carrière

Nom : ............................................................................................................

Prénom : ........................................................................................................

Date de naissance : ........................ Nationalité : ...................................

Sexe : ................................................. N° de sécurité sociale : ...................

Adresse : ......................................................................................................

Emploi : ........................................................................................................

Qualification : ..............................................................................................

Date d'entrée dans l'entreprise : ...............................................................

Date de sortie de l'entreprise : ..................................................................

## Type de Contrat

○ Contrat à durée indéterminée          ○ Apprenti

○ Contrat à durée déterminée             ○ Contrat de professionnalisation

○ Salarié à temps complet                  ○ Salarié à temps partiel

○ Mis à disposition par un groupement  ○ Salarié temporaire

 d'employeurs (Nom et adresse du groupement)        (Nom et adresse du groupement)

............................................................    ...........................................................

○ Stagiaire                                           ○ Autre : ...........................................

## Travailleur étranger

Type, date et numéro du titre autorisant le travail : ..................................

......................................................................................................................

°Copie du titre à intégrer dans le dossier salarié

## Stagiaire

Nom et prénom du tuteur : .........................................................................

Lieu de présence : .......................................................................................

Note : ............................................................................................................

......................................................................................................................

**N° d'embauche**

## Identification et Carrière

Nom : ..................................................................................................

Prénom : .............................................................................................

Date de naissance : ........................ Nationalité : ..............................

Sexe : ............................................ N° de sécurité sociale : ...............

Adresse : ..........................................................................................

Emploi : ............................................................................................

Qualification : ...................................................................................

Date d'entrée dans l'entreprise : ......................................................

Date de sortie de l'entreprise : .........................................................

## Type de Contrat

○ Contrat à durée indéterminée   ○ Apprenti

○ Contrat à durée déterminée   ○ Contrat de professionnalisation

○ Salarié à temps complet   ○ Salarié à temps partiel

○ Mis à disposition par un groupement   ○ Salarié temporaire
d'employeurs (Nom et adresse du groupement)     (Nom et adresse du groupement)

.................................................   .................................................

○ Stagiaire   ○ Autre : ....................................

## Travailleur étranger

Type, date et numéro du titre autorisant le travail : .........................

..........................................................................................................

°Copie du titre à intégrer dans le dossier salarié

## Stagiaire

Nom et prénom du tuteur : ................................................................

Lieu de présence : .............................................................................

Note : ...............................................................................................

..........................................................................................................

**N° d'embauche**

## Identification et Carrière

Nom : ............................................................................................

Prénom : ........................................................................................

Date de naissance : ..................... Nationalité : ..................................

Sexe : ........................................ N° de sécurité sociale : ..................

Adresse : .......................................................................................

Emploi : .........................................................................................

Qualification : .................................................................................

Date d'entrée dans l'entreprise : ....................................................

Date de sortie de l'entreprise : ......................................................

## Type de Contrat

○ Contrat à durée indéterminée          ○ Apprenti

○ Contrat à durée déterminée            ○ Contrat de professionnalisation

○ Salarié à temps complet               ○ Salarié à temps partiel

○ Mis à disposition par un groupement   ○ Salarié temporaire
   d'employeurs (Nom et adresse du groupement)      (Nom et adresse du groupement)

.............................................          ...........................................

○ Stagiaire                             ○ Autre : ..................................

## Travailleur étranger

Type, date et numéro du titre autorisant le travail : ........................

..................................................................................................

°Copie du titre à intégrer dans le dossier salarié

## Stagiaire

Nom et prénom du tuteur : ............................................................

Lieu de présence : .........................................................................

Note : ............................................................................................

..................................................................................................

## N° d'embauche

## Identification et Carrière

Nom : ...........................................................................

Prénom : .....................................................................

Date de naissance : ...................... Nationalité : .................................

Sexe : ................................................ N° de sécurité sociale : ...................

Adresse : ....................................................................

Emploi : .....................................................................

Qualification : ...........................................................

Date d'entrée dans l'entreprise : ................................................

Date de sortie de l'entreprise : .................................................

## Type de Contrat

○ Contrat à durée indéterminée        ○ Apprenti

○ Contrat à durée déterminée          ○ Contrat de professionnalisation

○ Salarié à temps complet             ○ Salarié à temps partiel

○ Mis à disposition par un groupement ○ Salarié temporaire
  d'employeurs (Nom et adresse du groupement)    (Nom et adresse du groupement)

.................................................    .................................................

○ Stagiaire                           ○ Autre : ...................................

## Travailleur étranger

Type, date et numéro du titre autorisant le travail : ...............................

.........................................................................................

°Copie du titre à intégrer dans le dossier salarié

## Stagiaire

Nom et prénom du tuteur : ...................................................

Lieu de présence : ...........................................................

Note : ...........................................................................

.........................................................................................

## N° d'embauche

## Identification et Carrière

Nom : ............................................................................................................

Prénom : ......................................................................................................

Date de naissance : ........................ Nationalité : ...................................

Sexe : ................................................ N° de sécurité sociale : ...................

Adresse : ......................................................................................................

Emploi : ........................................................................................................

Qualification : .............................................................................................

Date d'entrée dans l'entreprise : ............................................................

Date de sortie de l'entreprise : ................................................................

## Type de Contrat

O Contrat à durée indéterminée    O Apprenti

O Contrat à durée déterminée    O Contrat de professionnalisation

O Salarié à temps complet    O Salarié à temps partiel

O Mis à disposition par un groupement    O Salarié temporaire

    d'employeurs (Nom et adresse du groupement)    (Nom et adresse du groupement)

    .............................................    .............................................

O Stagiaire    O Autre : ...................................

## Travailleur étranger

Type, date et numéro du titre autorisant le travail : .............................

........................................................................................................

°Copie du titre à intégrer dans le dossier salarié

## Stagiaire

Nom et prénom du tuteur : .......................................................................

Lieu de présence : .....................................................................................

Note : .........................................................................................................

........................................................................................................

**N° d'embauche**

## Identification et Carrière

Nom : ....................................................................................

Prénom : ................................................................................

Date de naissance : ........................ Nationalité : ......................................

Sexe : ................................ N° de sécurité sociale : ......................

Adresse : ................................................................................

Emploi : ................................................................................

Qualification : ........................................................................

Date d'entrée dans l'entreprise : ........................................................

Date de sortie de l'entreprise : ........................................................

## Type de Contrat

○ Contrat à durée indéterminée          ○ Apprenti

○ Contrat à durée déterminée            ○ Contrat de professionnalisation

○ Salarié à temps complet               ○ Salarié à temps partiel

○ Mis à disposition par un groupement   ○ Salarié temporaire
   d'employeurs (Nom et adresse du groupement)

                                           (Nom et adresse du groupement)

....................................          ....................................

○ Stagiaire                             ○ Autre : ....................................

## Travailleur étranger

Type, date et numéro du titre autorisant le travail : ........................................

....................................................................................

°Copie du titre à intégrer dans le dossier salarié

## Stagiaire

Nom et prénom du tuteur : ........................................................

Lieu de présence : ................................................................

Note : ............................................................................

....................................................................................

## N° d'embauche

## Identification et Carrière

Nom : ...................................................................................

Prénom : ................................................................................

Date de naissance : ...................... Nationalité : ...........................

Sexe : .............................. N° de sécurité sociale : ....................

Adresse : ...............................................................................

Emploi : ................................................................................

Qualification : .........................................................................

Date d'entrée dans l'entreprise : ...............................................

Date de sortie de l'entreprise : .................................................

## Type de Contrat

O Contrat à durée indéterminée          O Apprenti

O Contrat à durée déterminée            O Contrat de professionnalisation

O Salarié à temps complet               O Salarié à temps partiel

O Mis à disposition par un groupement   O Salarié temporaire

  d'employeurs (Nom et adresse du groupement)      (Nom et adresse du groupement)

..........................................            ..........................................

O Stagiaire                             O Autre : .................................

## Travailleur étranger

Type, date et numéro du titre autorisant le travail : .........................

..........................................................................................

°Copie du titre à intégrer dans le dossier salarié

## Stagiaire

Nom et prénom du tuteur : ........................................................

Lieu de présence : ...................................................................

Note : ...................................................................................

..........................................................................................

## N° d'embauche

## Identification et Carrière

Nom : ............................................................................

Prénom : ........................................................................

Date de naissance : ...................... Nationalité : ...................................

Sexe : .......................................... N° de sécurité sociale : ...................

Adresse : ......................................................................

Emploi : ........................................................................

Qualification : ...............................................................

Date d'entrée dans l'entreprise : ...........................................

Date de sortie de l'entreprise : ...........................................

## Type de Contrat

○ Contrat à durée indéterminée          ○ Apprenti

○ Contrat à durée déterminée            ○ Contrat de professionnalisation

○ Salarié à temps complet               ○ Salarié à temps partiel

○ Mis à disposition par un groupement   ○ Salarié temporaire
   d'employeurs (Nom et adresse du groupement)   (Nom et adresse du groupement)

...............................................          ...............................................

○ Stagiaire                             ○ Autre : ...................................

## Travailleur étranger

Type, date et numéro du titre autorisant le travail : ...................................

...............................................................................................

°Copie du titre à intégrer dans le dossier salarié

## Stagiaire

Nom et prénom du tuteur : ...................................................

Lieu de présence : ...........................................................

Note : ..........................................................................

...............................................................................................

## Identification et Carrière

..............................................................................

..............................................................................

...aissance : ........................ Nationalité : .................................

.............................................. N° de sécurité sociale : ...............

...esse : ..........................................................................

...mploi : .........................................................................

Qualification : .................................................................

Date d'entrée dans l'entreprise : ..............................................

Date de sortie de l'entreprise : ...............................................

## Type de Contrat

- ◯ Contrat à durée indéterminée
- ◯ Contrat à durée déterminée
- ◯ Salarié à temps complet
- ◯ Mis à disposition par un groupement d'employeurs (Nom et adresse du groupement)

..............................................................

- ◯ Stagiaire

- ◯ Apprenti
- ◯ Contrat de professionnalisation
- ◯ Salarié à temps partiel
- ◯ Salarié temporaire

(Nom et adresse du groupement)

..............................................................

- ◯ Autre : ......................................

## Travailleur étranger

Type, date et numéro du titre autorisant le travail : ..............................

..............................................................................

°Copie du titre à intégrer dans le dossier salarié

## Stagiaire

Nom et prénom du tuteur : ...................................................

Lieu de présence : ...............................................................

Note : ................................................................................

..............................................................................

## N° d'embauche

## Identification et Carrière

Nom : ............................................................................................

Prénom : ........................................................................................

Date de naissance : ....................... Nationalité : .....................................

Sexe : ................................................ N° de sécurité sociale : ......................

Adresse : ........................................................................................

Emploi : .........................................................................................

Qualification : ...................................................................................

Date d'entrée dans l'entreprise : ................................................................

Date de sortie de l'entreprise : .................................................................

## Type de Contrat

○ Contrat à durée indéterminée ○ Apprenti

○ Contrat à durée déterminée ○ Contrat de professionnalisation

○ Salarié à temps complet ○ Salarié à temps partiel

○ Mis à disposition par un groupement ○ Salarié temporaire

d'employeurs (Nom et adresse du groupement)    (Nom et adresse du groupement)

.................................................    .................................................

○ Stagiaire ○ Autre : ...................................

## Travailleur étranger

Type, date et numéro du titre autorisant le travail : ............................................

................................................................................................

°Copie du titre à intégrer dans le dossier salarié

## Stagiaire

Nom et prénom du tuteur : ......................................................................

Lieu de présence : .............................................................................

Note : ..........................................................................................

................................................................................................

## N° d'embauche

## Identification et Carrière

Nom : ................................................................................

Prénom : ............................................................................

Date de naissance : ...................... Nationalité : ..............................

Sexe : ........................................ N° de sécurité sociale : ...................

Adresse : ............................................................................

Emploi : ............................................................................

Qualification : ......................................................................

Date d'entrée dans l'entreprise : ..................................................

Date de sortie de l'entreprise : ....................................................

## Type de Contrat

○ Contrat à durée indéterminée                ○ Apprenti

○ Contrat à durée déterminée                  ○ Contrat de professionnalisation

○ Salarié à temps complet                     ○ Salarié à temps partiel

○ Mis à disposition par un groupement         ○ Salarié temporaire

d'employeurs (Nom et adresse du groupement)        (Nom et adresse du groupement)

................................................    ................................................

○ Stagiaire                                   ○ Autre : ...............................

## Travailleur étranger

Type, date et numéro du titre autorisant le travail : ..............................

................................................................................

°Copie du titre à intégrer dans le dossier salarié

## Stagiaire

Nom et prénom du tuteur : ........................................................

Lieu de présence : ................................................................

Note : ..............................................................................

................................................................................

## N° d'embauche

## Identification et Carrière

Nom : ..........................................................................................

Prénom : ..........................................................................................

Date de naissance : ....................... Nationalité : ...............................

Sexe : ............................................ N° de sécurité sociale : .................

Adresse : ..........................................................................................

Emploi : ..........................................................................................

Qualification : ..................................................................................

Date d'entrée dans l'entreprise : ......................................................

Date de sortie de l'entreprise : ........................................................

## Type de Contrat

○ Contrat à durée indéterminée    ○ Apprenti

○ Contrat à durée déterminée    ○ Contrat de professionnalisation

○ Salarié à temps complet    ○ Salarié à temps partiel

○ Mis à disposition par un groupement    ○ Salarié temporaire

d'employeurs (Nom et adresse du groupement)    (Nom et adresse du groupement)

...........................................................    ...........................................................

○ Stagiaire    ○ Autre : .......................................

## Travailleur étranger

Type, date et numéro du titre autorisant le travail : .............................

..........................................................................................................

°Copie du titre à intégrer dans le dossier salarié

## Stagiaire

Nom et prénom du tuteur : ................................................................

Lieu de présence : ............................................................................

Note : ..............................................................................................

..........................................................................................................

## N° d'embauche

## Identification et Carrière

Nom : ......................................................................................................

Prénom : ..................................................................................................

Date de naissance : ........................ Nationalité : ......................................

Sexe : ................................... N° de sécurité sociale : ..............................

Adresse : ..................................................................................................

Emploi : ....................................................................................................

Qualification : ...........................................................................................

Date d'entrée dans l'entreprise : ................................................................

Date de sortie de l'entreprise : ...................................................................

## Type de Contrat

○ Contrat à durée indéterminée     ○ Apprenti

○ Contrat à durée déterminée     ○ Contrat de professionnalisation

○ Salarié à temps complet     ○ Salarié à temps partiel

○ Mis à disposition par un groupement     ○ Salarié temporaire

d'employeurs (Nom et adresse du groupement)     (Nom et adresse du groupement)

..........................................     ..........................................

○ Stagiaire     ○ Autre : ..................................

## Travailleur étranger

Type, date et numéro du titre autorisant le travail : ......................................

..................................................................................................................

°Copie du titre à intégrer dans le dossier salarié

## Stagiaire

Nom et prénom du tuteur : ..........................................................................

Lieu de présence : ......................................................................................

Note : ........................................................................................................

..................................................................................................................

## N° d'embauche

## Identification et Carrière

Nom : ...........................................................................................

Prénom : ......................................................................................

Date de naissance : ......................... Nationalité : ............................

Sexe : ........................................ N° de sécurité sociale : .................

Adresse : .....................................................................................

Emploi : ......................................................................................

Qualification : ..............................................................................

Date d'entrée dans l'entreprise : ..................................................

Date de sortie de l'entreprise : .....................................................

## Type de Contrat

○ Contrat à durée indéterminée          ○ Apprenti

○ Contrat à durée déterminée            ○ Contrat de professionnalisation

○ Salarié à temps complet               ○ Salarié à temps partiel

○ Mis à disposition par un groupement   ○ Salarié temporaire
  d'employeurs (Nom et adresse du groupement)      (Nom et adresse du groupement)

............................................          ............................................

○ Stagiaire                             ○ Autre : ..................................

## Travailleur étranger

Type, date et numéro du titre autorisant le travail : ........................

....................................................................................................

°Copie du titre à intégrer dans le dossier salarié

## Stagiaire

Nom et prénom du tuteur : ............................................................

Lieu de présence : .......................................................................

Note : ..........................................................................................

....................................................................................................

**N° d'embauche**

## Identification et Carrière

Nom : ..........................................................................................................

Prénom : ....................................................................................................

Date de naissance : ........................ Nationalité : .......................................

Sexe : ........................................ N° de sécurité sociale : .........................

Adresse : ....................................................................................................

Emploi : ......................................................................................................

Qualification : .............................................................................................

Date d'entrée dans l'entreprise : ................................................................

Date de sortie de l'entreprise : ...................................................................

## Type de Contrat

○ Contrat à durée indéterminée     ○ Apprenti

○ Contrat à durée déterminée     ○ Contrat de professionnalisation

○ Salarié à temps complet     ○ Salarié à temps partiel

○ Mis à disposition par un groupement    ○ Salarié temporaire

    d'employeurs (Nom et adresse du groupement)     (Nom et adresse du groupement)

..................................................     ..................................................

○ Stagiaire     ○ Autre : ........................................

## Travailleur étranger

Type, date et numéro du titre autorisant le travail : ......................................

....................................................................................................................

°Copie du titre à intégrer dans le dossier salarié

## Stagiaire

Nom et prénom du tuteur : ...........................................................................

Lieu de présence : .......................................................................................

Note : ..........................................................................................................

....................................................................................................................

## N° d'embauche

### Identification et Carrière

Nom : ...........................................................................................

Prénom : ......................................................................................

Date de naissance : ........................ Nationalité : ...........................

Sexe : ........................................... N° de sécurité sociale : .............

Adresse : ....................................................................................

Emploi : ......................................................................................

Qualification : .............................................................................

Date d'entrée dans l'entreprise : ...............................................

Date de sortie de l'entreprise : ..................................................

### Type de Contrat

○ Contrat à durée indéterminée      ○ Apprenti

○ Contrat à durée déterminée        ○ Contrat de professionnalisation

○ Salarié à temps complet           ○ Salarié à temps partiel

○ Mis à disposition par un groupement ○ Salarié temporaire
  d'employeurs (Nom et adresse du groupement)   (Nom et adresse du groupement)

................................................          ................................................

○ Stagiaire                          ○ Autre : .....................................

### Travailleur étranger

Type, date et numéro du titre autorisant le travail : ...........................

....................................................................................................

°Copie du titre à intégrer dans le dossier salarié

### Stagiaire

Nom et prénom du tuteur : ........................................................

Lieu de présence : ....................................................................

Note : .........................................................................................

....................................................................................................

**N° d'embauche**

## Identification et Carrière

Nom : ..................................................................................................

Prénom : ..............................................................................................

Date de naissance : ........................ Nationalité : ....................................

Sexe : ................................................ N° de sécurité sociale : ......................

Adresse : ..............................................................................................

Emploi : ................................................................................................

Qualification : ......................................................................................

Date d'entrée dans l'entreprise : ............................................................

Date de sortie de l'entreprise : ..............................................................

## Type de Contrat

○ Contrat à durée indéterminée     ○ Apprenti

○ Contrat à durée déterminée     ○ Contrat de professionnalisation

○ Salarié à temps complet     ○ Salarié à temps partiel

○ Mis à disposition par un groupement    ○ Salarié temporaire

d'employeurs (Nom et adresse du groupement)       (Nom et adresse du groupement)

..............................................     ..............................................

○ Stagiaire     ○ Autre : ..............................................

## Travailleur étranger

Type, date et numéro du titre autorisant le travail : ..................................

..................................................................................................

°Copie du titre à intégrer dans le dossier salarié

## Stagiaire

Nom et prénom du tuteur : ....................................................................

Lieu de présence : ................................................................................

Note : ..................................................................................................

..................................................................................................

## N° d'embauche

## Identification et Carrière

Nom : ..............................................................................................

Prénom : .........................................................................................

Date de naissance : ...................... Nationalité : ..............................

Sexe : ............................................ N° de sécurité sociale : ............

Adresse : ........................................................................................

Emploi : ..........................................................................................

Qualification : .................................................................................

Date d'entrée dans l'entreprise : ...................................................

Date de sortie de l'entreprise : .....................................................

## Type de Contrat

○ Contrat à durée indéterminée     ○ Apprenti

○ Contrat à durée déterminée     ○ Contrat de professionnalisation

○ Salarié à temps complet     ○ Salarié à temps partiel

○ Mis à disposition par un groupement   ○ Salarié temporaire

   d'employeurs (Nom et adresse du groupement)     (Nom et adresse du groupement)

..................................................     ..................................................

○ Stagiaire     ○ Autre : ........................................

## Travailleur étranger

Type, date et numéro du titre autorisant le travail : ......................

........................................................................................................

°Copie du titre à intégrer dans le dossier salarié

## Stagiaire

Nom et prénom du tuteur : ............................................................

Lieu de présence : ..........................................................................

Note : ..............................................................................................

........................................................................................................

## N° d'embauche

## Identification et Carrière

Nom : ...................................................................................................................

Prénom : ..............................................................................................................

Date de naissance : ..................... Nationalité : .................................................

Sexe : ........................................ N° de sécurité sociale : ..............................

Adresse : ..............................................................................................................

Emploi : ................................................................................................................

Qualification : ......................................................................................................

Date d'entrée dans l'entreprise : ........................................................................

Date de sortie de l'entreprise : ...........................................................................

## Type de Contrat

○ Contrat à durée indéterminée     ○ Apprenti

○ Contrat à durée déterminée     ○ Contrat de professionnalisation

○ Salarié à temps complet     ○ Salarié à temps partiel

○ Mis à disposition par un groupement     ○ Salarié temporaire

d'employeurs (Nom et adresse du groupement)     (Nom et adresse du groupement)

..........................................................     ..........................................................

○ Stagiaire     ○ Autre : ...........................................

## Travailleur étranger

Type, date et numéro du titre autorisant le travail : ...........................................

...........................................................................................................................

°Copie du titre à intégrer dans le dossier salarié

## Stagiaire

Nom et prénom du tuteur : ..................................................................................

Lieu de présence : ...............................................................................................

Note : ..................................................................................................................

...........................................................................................................................

## N° d'embauche

## Identification et Carrière

Nom : ...................................................................................................

Prénom : .............................................................................................

Date de naissance : ..................... Nationalité : ...............................

Sexe : ................................. N° de sécurité sociale : .....................

Adresse : .............................................................................................

Emploi : ..............................................................................................

Qualification : ....................................................................................

Date d'entrée dans l'entreprise : ...................................................

Date de sortie de l'entreprise : ......................................................

## Type de Contrat

O Contrat à durée indéterminée
O Contrat à durée déterminée
O Salarié à temps complet
O Mis à disposition par un groupement
   d'employeurs (Nom et adresse du groupement)

.................................................................

O Stagiaire

O Apprenti
O Contrat de professionnalisation
O Salarié à temps partiel
O Salarié temporaire
   (Nom et adresse du groupement)

.................................................................

O Autre : .................................

## Travailleur étranger

Type, date et numéro du titre autorisant le travail : ...............................

.......................................................................................................

°Copie du titre à intégrer dans le dossier salarié

## Stagiaire

Nom et prénom du tuteur : ............................................................

Lieu de présence : ..........................................................................

Note : ...................................................................................................

.......................................................................................................

**N° d'embauche**

## Identification et Carrière

Nom : ............................................................................................

Prénom : ........................................................................................

Date de naissance : ...................... Nationalité : ....................................

Sexe : ........................................ N° de sécurité sociale : .......................

Adresse : ........................................................................................

Emploi : .........................................................................................

Qualification : ..................................................................................

Date d'entrée dans l'entreprise : .............................................................

Date de sortie de l'entreprise : ...............................................................

## Type de Contrat

○ Contrat à durée indéterminée      ○ Apprenti

○ Contrat à durée déterminée       ○ Contrat de professionnalisation

○ Salarié à temps complet          ○ Salarié à temps partiel

○ Mis à disposition par un groupement   ○ Salarié temporaire

d'employeurs (Nom et adresse du groupement)      (Nom et adresse du groupement)

............................................      ............................................

○ Stagiaire                        ○ Autre : ...................................

## Travailleur étranger

Type, date et numéro du titre autorisant le travail : ........................................

................................................................................................

°Copie du titre à intégrer dans le dossier salarié

## Stagiaire

Nom et prénom du tuteur : ......................................................................

Lieu de présence : .............................................................................

Note : ...........................................................................................

................................................................................................

## N° d'embauche

## Identification et Carrière

Nom : .................................................................................................

Prénom : ............................................................................................

Date de naissance : ........................ Nationalité : ...............................

Sexe : ................................................ N° de sécurité sociale : ............

Adresse : ............................................................................................

Emploi : .............................................................................................

Qualification : ....................................................................................

Date d'entrée dans l'entreprise : ......................................................

Date de sortie de l'entreprise : .........................................................

## Type de Contrat

O Contrat à durée indéterminée  O Apprenti

O Contrat à durée déterminée  O Contrat de professionnalisation

O Salarié à temps complet  O Salarié à temps partiel

O Mis à disposition par un groupement  O Salarié temporaire
d'employeurs (Nom et adresse du groupement)   (Nom et adresse du groupement)

.................................................   .................................................

O Stagiaire  O Autre : .................................

## Travailleur étranger

Type, date et numéro du titre autorisant le travail : ...............................

.................................................................................................

°Copie du titre à intégrer dans le dossier salarié

## Stagiaire

Nom et prénom du tuteur : ...............................................................

Lieu de présence : ...........................................................................

Note : ..............................................................................................

.................................................................................................

**N° d'embauche**

## Identification et Carrière

Nom : ........................................................................................................

Prénom : ....................................................................................................

Date de naissance : ........................ Nationalité : ...............................

Sexe : ........................................ N° de sécurité sociale : ...................

Adresse : ...................................................................................................

Emploi : .....................................................................................................

Qualification : ...........................................................................................

Date d'entrée dans l'entreprise : ...........................................................

Date de sortie de l'entreprise : ..............................................................

## Type de Contrat

○ Contrat à durée indéterminée       ○ Apprenti

○ Contrat à durée déterminée         ○ Contrat de professionnalisation

○ Salarié à temps complet            ○ Salarié à temps partiel

○ Mis à disposition par un groupement  ○ Salarié temporaire
   d'employeurs (Nom et adresse du groupement)       (Nom et adresse du groupement)

................................................       ................................................

○ Stagiaire                          ○ Autre : ...................................

## Travailleur étranger

Type, date et numéro du titre autorisant le travail : ...........................

....................................................................................................................

°Copie du titre à intégrer dans le dossier salarié

## Stagiaire

Nom et prénom du tuteur : ......................................................................

Lieu de présence : ....................................................................................

Note : .........................................................................................................

....................................................................................................................

## N° d'embauche

## Identification et Carrière

Nom : ................................................................................................

Prénom : ............................................................................................

Date de naissance : ........................ Nationalité : ..............................

Sexe : ............................................ N° de sécurité sociale : ...............

Adresse : ...........................................................................................

Emploi : .............................................................................................

Qualification : ....................................................................................

Date d'entrée dans l'entreprise : .......................................................

Date de sortie de l'entreprise : ..........................................................

## Type de Contrat

○ Contrat à durée indéterminée     ○ Apprenti

○ Contrat à durée déterminée     ○ Contrat de professionnalisation

○ Salarié à temps complet     ○ Salarié à temps partiel

○ Mis à disposition par un groupement     ○ Salarié temporaire

d'employeurs (Nom et adresse du groupement)     (Nom et adresse du groupement)

..........................................     ..........................................

○ Stagiaire     ○ Autre : ...................................

## Travailleur étranger

Type, date et numéro du titre autorisant le travail : ...........................

............................................................................................................

°Copie du titre à intégrer dans le dossier salarié

## Stagiaire

Nom et prénom du tuteur : .................................................................

Lieu de présence : .............................................................................

Note : .................................................................................................

............................................................................................................

## N° d'embauche

## Identification et Carrière

Nom : ........................................................................................................

Prénom : ....................................................................................................

Date de naissance : .......................... Nationalité : ......................................

Sexe : .................................... N° de sécurité sociale : ..............................

Adresse : ....................................................................................................

Emploi : .....................................................................................................

Qualification : .............................................................................................

Date d'entrée dans l'entreprise : .................................................................

Date de sortie de l'entreprise : ....................................................................

## Type de Contrat

O Contrat à durée indéterminée     O Apprenti

O Contrat à durée déterminée     O Contrat de professionnalisation

O Salarié à temps complet     O Salarié à temps partiel

O Mis à disposition par un groupement     O Salarié temporaire
d'employeurs (Nom et adresse du groupement)     (Nom et adresse du groupement)

..........................................     ..........................................

O Stagiaire     O Autre : ....................................

## Travailleur étranger

Type, date et numéro du titre autorisant le travail : ......................................

..................................................................................................................

°Copie du titre à intégrer dans le dossier salarié

## Stagiaire

Nom et prénom du tuteur : ..........................................................................

Lieu de présence : ......................................................................................

Note : .......................................................................................................

..................................................................................................................

## Identification et Carrière

Nom : ...............................................................................................................

Prénom : ..........................................................................................................

Date de naissance : ....................... Nationalité : ...........................................

Sexe : ................................................ N° de sécurité sociale : .......................

Adresse : ........................................................................................................

Emploi : ..........................................................................................................

Qualification : .................................................................................................

Date d'entrée dans l'entreprise : ....................................................................

Date de sortie de l'entreprise : .......................................................................

## Type de Contrat

O Contrat à durée indéterminée     O Apprenti

O Contrat à durée déterminée     O Contrat de professionnalisation

O Salarié à temps complet     O Salarié à temps partiel

O Mis à disposition par un groupement   O Salarié temporaire
    d'employeurs (Nom et adresse du groupement)     (Nom et adresse du groupement)

..................................................    ..................................................

O Stagiaire     O Autre : ..............................................

## Travailleur étranger

Type, date et numéro du titre autorisant le travail : ...........................................

...........................................................................................................................

°Copie du titre à intégrer dans le dossier salarié

## Stagiaire

Nom et prénom du tuteur : .............................................................................

Lieu de présence : ..........................................................................................

Note : ...............................................................................................................

...........................................................................................................................

**N° d'embauche**

## Identification et Carrière

Nom : .................................................................................................................

Prénom : ...........................................................................................................

Date de naissance : ...................... Nationalité : ................................................

Sexe : .......................................... N° de sécurité sociale : ................................

Adresse : ...........................................................................................................

Emploi : .............................................................................................................

Qualification : ....................................................................................................

Date d'entrée dans l'entreprise : ........................................................................

Date de sortie de l'entreprise : ...........................................................................

## Type de Contrat

○ Contrat à durée indéterminée     ○ Apprenti

○ Contrat à durée déterminée      ○ Contrat de professionnalisation

○ Salarié à temps complet        ○ Salarié à temps partiel

○ Mis à disposition par un groupement   ○ Salarié temporaire

d'employeurs (Nom et adresse du groupement)     (Nom et adresse du groupement)

...........................................................    ..............................................

○ Stagiaire                  ○ Autre : ......................................

## Travailleur étranger

Type, date et numéro du titre autorisant le travail : ..............................................

...........................................................................................................................

°Copie du titre à intégrer dans le dossier salarié

## Stagiaire

Nom et prénom du tuteur : ..................................................................................

Lieu de présence : ..............................................................................................

Note : .................................................................................................................

...........................................................................................................................

**N° d'embauche** ........................................

## Identification et Carrière

Nom : ............................................................................................

Prénom : ......................................................................................

Date de naissance : .......................... Nationalité : ...............................

Sexe : ...................................... N° de sécurité sociale : ........................

Adresse : ....................................................................................

Emploi : ......................................................................................

Qualification : ..............................................................................

Date d'entrée dans l'entreprise : ........................................................

Date de sortie de l'entreprise : ..........................................................

## Type de Contrat

○ Contrat à durée indéterminée          ○ Apprenti

○ Contrat à durée déterminée            ○ Contrat de professionnalisation

○ Salarié à temps complet               ○ Salarié à temps partiel

○ Mis à disposition par un groupement   ○ Salarié temporaire
   d'employeurs (Nom et adresse du groupement)      (Nom et adresse du groupement)

......................................................          ......................................................

○ Stagiaire                             ○ Autre : ..................................

## Travailleur étranger

Type, date et numéro du titre autorisant le travail : ...............................

......................................................................................

°Copie du titre à intégrer dans le dossier salarié

## Stagiaire

Nom et prénom du tuteur : ................................................................

Lieu de présence : .......................................................................

Note : ......................................................................................

......................................................................................

## N° d'embauche

## Identification et Carrière

Nom : ...............................................................................

Prénom : ...........................................................................

Date de naissance : ....................... Nationalité : .........................

Sexe : ................................................ N° de sécurité sociale : ...................

Adresse : ...........................................................................

Emploi : ............................................................................

Qualification : .....................................................................

Date d'entrée dans l'entreprise : .................................................

Date de sortie de l'entreprise : ...................................................

## Type de Contrat

○ Contrat à durée indéterminée      ○ Apprenti

○ Contrat à durée déterminée        ○ Contrat de professionnalisation

○ Salarié à temps complet           ○ Salarié à temps partiel

○ Mis à disposition par un groupement   ○ Salarié temporaire

    d'employeurs (Nom et adresse du groupement)        (Nom et adresse du groupement)

.................................................      .................................................

○ Stagiaire        ○ Autre : .......................................

## Travailleur étranger

Type, date et numéro du titre autorisant le travail : ...........................

.......................................................................................

°Copie du titre à intégrer dans le dossier salarié

## Stagiaire

Nom et prénom du tuteur : ......................................................

Lieu de présence : ..............................................................

Note : ..............................................................................

.......................................................................................

## N° d'embauche

## Identification et Carrière

Nom : ....................................................................................................................

Prénom : ................................................................................................................

Date de naissance : ........................... Nationalité : ..........................................

Sexe : .................................... N° de sécurité sociale : ......................................

Adresse : ...............................................................................................................

Emploi : .................................................................................................................

Qualification : .......................................................................................................

Date d'entrée dans l'entreprise : .......................................................................

Date de sortie de l'entreprise : ..........................................................................

## Type de Contrat

○ Contrat à durée indéterminée         ○ Apprenti

○ Contrat à durée déterminée           ○ Contrat de professionnalisation

○ Salarié à temps complet              ○ Salarié à temps partiel

○ Mis à disposition par un groupement  ○ Salarié temporaire

   d'employeurs (Nom et adresse du groupement)    (Nom et adresse du groupement)

...............................................          ...............................................

○ Stagiaire                            ○ Autre : .......................................

## Travailleur étranger

Type, date et numéro du titre autorisant le travail : ...........................................

..............................................................................................................................

°Copie du titre à intégrer dans le dossier salarié

## Stagiaire

Nom et prénom du tuteur : ..................................................................................

Lieu de présence : ................................................................................................

Note : ....................................................................................................................

..............................................................................................................................

## N° d'embauche

## Identification et Carrière

Nom : ..................................................................................................

Prénom : ..............................................................................................

Date de naissance : ..................... Nationalité : .................................

Sexe : ........................................ N° de sécurité sociale : ...................

Adresse : ..............................................................................................

Emploi : ...............................................................................................

Qualification : ......................................................................................

Date d'entrée dans l'entreprise : .........................................................

Date de sortie de l'entreprise : ...........................................................

## Type de Contrat

○ Contrat à durée indéterminée　　　○ Apprenti

○ Contrat à durée déterminée　　　　○ Contrat de professionnalisation

○ Salarié à temps complet　　　　　　○ Salarié à temps partiel

○ Mis à disposition par un groupement ○ Salarié temporaire
　 d'employeurs (Nom et adresse du groupement)　　(Nom et adresse du groupement)

...................................................　　.....................................................

○ Stagiaire　　　　　　　　　　　　○ Autre : ...................................

## Travailleur étranger

Type, date et numéro du titre autorisant le travail : ...........................

...............................................................................................................

°Copie du titre à intégrer dans le dossier salarié

## Stagiaire

Nom et prénom du tuteur : ..................................................................

Lieu de présence : ................................................................................

Note : ...................................................................................................

...............................................................................................................

## N° d'embauche

## Identification et Carrière

Nom : ...................................................................

Prénom : ...............................................................

Date de naissance : ....................... Nationalité : .............................

Sexe : ........................................... N° de sécurité sociale : .................

Adresse : ...............................................................

Emploi : ................................................................

Qualification : .........................................................

Date d'entrée dans l'entreprise : ...................................

Date de sortie de l'entreprise : ....................................

## Type de Contrat

○ Contrat à durée indéterminée     ○ Apprenti

○ Contrat à durée déterminée     ○ Contrat de professionnalisation

○ Salarié à temps complet     ○ Salarié à temps partiel

○ Mis à disposition par un groupement     ○ Salarié temporaire
d'employeurs (Nom et adresse du groupement)     (Nom et adresse du groupement)

..................................................     ..................................................

○ Stagiaire     ○ Autre : .....................................

## Travailleur étranger

Type, date et numéro du titre autorisant le travail : ...............................

.......................................................................

°Copie du titre à intégrer dans le dossier salarié

## Stagiaire

Nom et prénom du tuteur : ...........................................

Lieu de présence : ....................................................

Note : .................................................................

.......................................................................

## N° d'embauche

## Identification et Carrière

Nom : ...............................................................................................

Prénom : ............................................................................................

Date de naissance : ...................... Nationalité : ....................................

Sexe : ........................................ N° de sécurité sociale : .......................

Adresse : ...........................................................................................

Emploi : ............................................................................................

Qualification : ....................................................................................

Date d'entrée dans l'entreprise : .........................................................

Date de sortie de l'entreprise : ...........................................................

## Type de Contrat

○ Contrat à durée indéterminée                ○ Apprenti

○ Contrat à durée déterminée                  ○ Contrat de professionnalisation

○ Salarié à temps complet                     ○ Salarié à temps partiel

○ Mis à disposition par un groupement         ○ Salarié temporaire
  d'employeurs (Nom et adresse du groupement)       (Nom et adresse du groupement)

.................................................        .................................................

○ Stagiaire                                   ○ Autre : ....................................

## Travailleur étranger

Type, date et numéro du titre autorisant le travail : ...............................

..........................................................................................................

°Copie du titre à intégrer dans le dossier salarié

## Stagiaire

Nom et prénom du tuteur : ..................................................................

Lieu de présence : .............................................................................

Note : ................................................................................................

..........................................................................................................

## N° d'embauche

## Identification et Carrière

Nom : .................................................................................................

Prénom : ...........................................................................................

Date de naissance : ...................... Nationalité : ...............................

Sexe : .......................................... N° de sécurité sociale : ...............

Adresse : ..........................................................................................

Emploi : ............................................................................................

Qualification : ...................................................................................

Date d'entrée dans l'entreprise : ......................................................

Date de sortie de l'entreprise : ........................................................

## Type de Contrat

○ Contrat à durée indéterminée          ○ Apprenti

○ Contrat à durée déterminée             ○ Contrat de professionnalisation

○ Salarié à temps complet                  ○ Salarié à temps partiel

○ Mis à disposition par un groupement  ○ Salarié temporaire
   d'employeurs (Nom et adresse du groupement)     (Nom et adresse du groupement)

.................................................          ................................................

○ Stagiaire                                          ○ Autre : ...................................

## Travailleur étranger

Type, date et numéro du titre autorisant le travail : .........................

..........................................................................................................

°Copie du titre à intégrer dans le dossier salarié

## Stagiaire

Nom et prénom du tuteur : ...............................................................

Lieu de présence : ............................................................................

Note : ...............................................................................................

..........................................................................................................

## N° d'embauche

## Identification et Carrière

Nom : ............................................................................................

Prénom : ........................................................................................

Date de naissance : ...................... Nationalité : ...............................

Sexe : ................................ N° de sécurité sociale : ...................

Adresse : .......................................................................................

Emploi : ........................................................................................

Qualification : ................................................................................

Date d'entrée dans l'entreprise : ....................................................

Date de sortie de l'entreprise : .......................................................

## Type de Contrat

○ Contrat à durée indéterminée     ○ Apprenti

○ Contrat à durée déterminée       ○ Contrat de professionnalisation

○ Salarié à temps complet          ○ Salarié à temps partiel

○ Mis à disposition par un groupement ○ Salarié temporaire
   d'employeurs (Nom et adresse du groupement)        (Nom et adresse du groupement)

...............................................     ...............................................

○ Stagiaire                        ○ Autre : ...................................

## Travailleur étranger

Type, date et numéro du titre autorisant le travail : ...............................

............................................................................................

°Copie du titre à intégrer dans le dossier salarié

## Stagiaire

Nom et prénom du tuteur : ..............................................................

Lieu de présence : .........................................................................

Note : ..........................................................................................

............................................................................................

## N° d'embauche

## Identification et Carrière

Nom : ................................................................................................

Prénom : ...........................................................................................

Date de naissance : ..................... Nationalité : ...................................

Sexe : ............................................ N° de sécurité sociale : .................

Adresse : ...........................................................................................

Emploi : .............................................................................................

Qualification : ....................................................................................

Date d'entrée dans l'entreprise : .........................................................

Date de sortie de l'entreprise : ............................................................

## Type de Contrat

O Contrat à durée indéterminée     O Apprenti

O Contrat à durée déterminée     O Contrat de professionnalisation

O Salarié à temps complet     O Salarié à temps partiel

O Mis à disposition par un groupement     O Salarié temporaire

    d'employeurs (Nom et adresse du groupement)     (Nom et adresse du groupement)

....................................................     ....................................................

O Stagiaire     O Autre : ....................................

## Travailleur étranger

Type, date et numéro du titre autorisant le travail : ..............................

........................................................................................................

°Copie du titre à intégrer dans le dossier salarié

## Stagiaire

Nom et prénom du tuteur : ..................................................................

Lieu de présence : ..............................................................................

Note : ................................................................................................

........................................................................................................

**N° d'embauche**

## Identification et Carrière

Nom : ......................................................................................................

Prénom : ..................................................................................................

Date de naissance : ........................ Nationalité : ......................................

Sexe : ............................................. N° de sécurité sociale : ......................

Adresse : ...................................................................................................

Emploi : .....................................................................................................

Qualification : ............................................................................................

Date d'entrée dans l'entreprise : ................................................................

Date de sortie de l'entreprise : ...................................................................

## Type de Contrat

O Contrat à durée indéterminée          O Apprenti

O Contrat à durée déterminée            O Contrat de professionnalisation

O Salarié à temps complet               O Salarié à temps partiel

O Mis à disposition par un groupement   O Salarié temporaire
   d'employeurs (Nom et adresse du groupement)          (Nom et adresse du groupement)

.............................................           ...............................................

O Stagiaire                             O Autre : ...........................................

## Travailleur étranger

Type, date et numéro du titre autorisant le travail : ....................................

....................................................................................................................

°Copie du titre à intégrer dans le dossier salarié

## Stagiaire

Nom et prénom du tuteur : ........................................................................

Lieu de présence : .....................................................................................

Note : .......................................................................................................

....................................................................................................................

**N° d'embauche**

## Identification et Carrière

Nom : ..........................................................................................

Prénom : ....................................................................................

Date de naissance : ........................ Nationalité : ...........................................

Sexe : .............................................. N° de sécurité sociale : ...........................

Adresse : ....................................................................................

Emploi : ......................................................................................

Qualification : ..............................................................................

Date d'entrée dans l'entreprise : .....................................................

Date de sortie de l'entreprise : .......................................................

## Type de Contrat

○ Contrat à durée indéterminée          ○ Apprenti

○ Contrat à durée déterminée            ○ Contrat de professionnalisation

○ Salarié à temps complet               ○ Salarié à temps partiel

○ Mis à disposition par un groupement   ○ Salarié temporaire

   d'employeurs (Nom et adresse du groupement)     (Nom et adresse du groupement)

.............................................          ...........................................

○ Stagiaire                             ○ Autre : .................................

## Travailleur étranger

Type, date et numéro du titre autorisant le travail : .................................

..............................................................................................

°Copie du titre à intégrer dans le dossier salarié

## Stagiaire

Nom et prénom du tuteur : ...............................................................

Lieu de présence : .........................................................................

Note : ........................................................................................

..............................................................................................

## N° d'embauche

## Identification et Carrière

Nom : ..................................................................................................................

Prénom : .............................................................................................................

Date de naissance : ..................... Nationalité : ...........................................

Sexe : ........................................... N° de sécurité sociale : ........................

Adresse : ............................................................................................................

Emploi : .............................................................................................................

Qualification : ..................................................................................................

Date d'entrée dans l'entreprise : ...............................................................

Date de sortie de l'entreprise : ...................................................................

## Type de Contrat

○ Contrat à durée indéterminée     ○ Apprenti

○ Contrat à durée déterminée     ○ Contrat de professionnalisation

○ Salarié à temps complet     ○ Salarié à temps partiel

○ Mis à disposition par un groupement     ○ Salarié temporaire
  d'employeurs (Nom et adresse du groupement)     (Nom et adresse du groupement)

................................................     ................................................

○ Stagiaire     ○ Autre : ...................................

## Travailleur étranger

Type, date et numéro du titre autorisant le travail : ...............................

.............................................................................................................................

°Copie du titre à intégrer dans le dossier salarié

## Stagiaire

Nom et prénom du tuteur : ...........................................................................

Lieu de présence : ...........................................................................................

Note : ...............................................................................................................

.............................................................................................................................

## Identification et Carrière

Nom : ..............................................................................................................

Prénom : ..........................................................................................................

Date de naissance : ........................ Nationalité : .............................................

Sexe : ................................................ N° de sécurité sociale : ..........................

Adresse : ..........................................................................................................

Emploi : ............................................................................................................

Qualification : ...................................................................................................

Date d'entrée dans l'entreprise : ......................................................................

Date de sortie de l'entreprise : .........................................................................

## Type de Contrat

○ Contrat à durée indéterminée     ○ Apprenti

○ Contrat à durée déterminée     ○ Contrat de professionnalisation

○ Salarié à temps complet     ○ Salarié à temps partiel

○ Mis à disposition par un groupement   ○ Salarié temporaire

    d'employeurs (Nom et adresse du groupement)     (Nom et adresse du groupement)

......................................................     ......................................................

○ Stagiaire     ○ Autre : ..............................................

## Travailleur étranger

Type, date et numéro du titre autorisant le travail : ..........................................

............................................................................................................................

°Copie du titre à intégrer dans le dossier salarié

## Stagiaire

Nom et prénom du tuteur : ...............................................................................

Lieu de présence : ............................................................................................

Note : .................................................................................................................

............................................................................................................................

## N° d'embauche

## Identification et Carrière

Nom : ...........................................................................................................

Prénom : ....................................................................................................

Date de naissance : ........................... Nationalité : ...........................................

Sexe : ........................................ N° de sécurité sociale : ...........................

Adresse : .....................................................................................................

Emploi : ......................................................................................................

Qualification : ..............................................................................................

Date d'entrée dans l'entreprise : ....................................................................

Date de sortie de l'entreprise : ......................................................................

## Type de Contrat

○ Contrat à durée indéterminée     ○ Apprenti

○ Contrat à durée déterminée     ○ Contrat de professionnalisation

○ Salarié à temps complet     ○ Salarié à temps partiel

○ Mis à disposition par un groupement   ○ Salarié temporaire
   d'employeurs (Nom et adresse du groupement)     (Nom et adresse du groupement)

..........................................     ..........................................

○ Stagiaire     ○ Autre : ...................................

## Travailleur étranger

Type, date et numéro du titre autorisant le travail : ...........................................

.......................................................................................................................

°Copie du titre à intégrer dans le dossier salarié

## Stagiaire

Nom et prénom du tuteur : .............................................................................

Lieu de présence : .........................................................................................

Note : ...........................................................................................................

.......................................................................................................................

## N° d'embauche

## Identification et Carrière

Nom : .............................................................................................................

Prénom : .........................................................................................................

Date de naissance : ......................... Nationalité : ......................................

Sexe : ........................................... N° de sécurité sociale : ........................

Adresse : ........................................................................................................

Emploi : ..........................................................................................................

Qualification : ................................................................................................

Date d'entrée dans l'entreprise : ................................................................

Date de sortie de l'entreprise : ...................................................................

## Type de Contrat

○ Contrat à durée indéterminée          ○ Apprenti

○ Contrat à durée déterminée            ○ Contrat de professionnalisation

○ Salarié à temps complet               ○ Salarié à temps partiel

○ Mis à disposition par un groupement   ○ Salarié temporaire
  d'employeurs (Nom et adresse du groupement)        (Nom et adresse du groupement)

..............................................          ..............................................

○ Stagiaire                             ○ Autre : ......................................

## Travailleur étranger

Type, date et numéro du titre autorisant le travail : .................................

........................................................................................................................

°Copie du titre à intégrer dans le dossier salarié

## Stagiaire

Nom et prénom du tuteur : ..........................................................................

Lieu de présence : ........................................................................................

Note : .............................................................................................................

........................................................................................................................

**N° d'embauche**

## Identification et Carrière

Nom : ....................................................................

Prénom : ..............................................................

Date de naissance : ..................... Nationalité : ..........................

Sexe : ................................. N° de sécurité sociale : ...................

Adresse : ...............................................................

Emploi : ................................................................

Qualification : .........................................................

Date d'entrée dans l'entreprise : .................................

Date de sortie de l'entreprise : ...................................

## Type de Contrat

○ Contrat à durée indéterminée      ○ Apprenti

○ Contrat à durée déterminée        ○ Contrat de professionnalisation

○ Salarié à temps complet           ○ Salarié à temps partiel

○ Mis à disposition par un groupement  ○ Salarié temporaire
   d'employeurs (Nom et adresse du groupement)   (Nom et adresse du groupement)

   ..........................................   ..........................................

○ Stagiaire                         ○ Autre : ..............................

## Travailleur étranger

Type, date et numéro du titre autorisant le travail : ..................

.....................................................................

°Copie du titre à intégrer dans le dossier salarié

## Stagiaire

Nom et prénom du tuteur : ............................................

Lieu de présence : ...................................................

Note : ...............................................................

.....................................................................

## N° d'embauche

## Identification et Carrière

Nom : ...................................................................................................

Prénom : ..............................................................................................

Date de naissance : ........................ Nationalité : ................................

Sexe : .................................... N° de sécurité sociale : ........................

Adresse : ..............................................................................................

Emploi : ...............................................................................................

Qualification : .....................................................................................

Date d'entrée dans l'entreprise : ........................................................

Date de sortie de l'entreprise : ..........................................................

## Type de Contrat

○ Contrat à durée indéterminée     ○ Apprenti

○ Contrat à durée déterminée     ○ Contrat de professionnalisation

○ Salarié à temps complet     ○ Salarié à temps partiel

○ Mis à disposition par un groupement    ○ Salarié temporaire

    d'employeurs (Nom et adresse du groupement)     (Nom et adresse du groupement)

............................................................     ...........................................................

○ Stagiaire     ○ Autre : ..........................................

## Travailleur étranger

Type, date et numéro du titre autorisant le travail : ..............................

.............................................................................................................

°Copie du titre à intégrer dans le dossier salarié

## Stagiaire

Nom et prénom du tuteur : ..................................................................

Lieu de présence : ...............................................................................

Note : ...................................................................................................

.............................................................................................................

**N° d'embauche**

## Identification et Carrière

Nom : ....................................................................................................

Prénom : ...............................................................................................

Date de naissance : ..................................... Nationalité : ......................................

Sexe : ..................................... N° de sécurité sociale : ......................................

Adresse : ...............................................................................................

Emploi : ...............................................................................................

Qualification : ........................................................................................

Date d'entrée dans l'entreprise : ....................................................................

Date de sortie de l'entreprise : .....................................................................

## Type de Contrat

○ Contrat à durée indéterminée    ○ Apprenti

○ Contrat à durée déterminée      ○ Contrat de professionnalisation

○ Salarié à temps complet         ○ Salarié à temps partiel

○ Mis à disposition par un groupement    ○ Salarié temporaire

d'employeurs (Nom et adresse du groupement)    (Nom et adresse du groupement)

.................................................    .................................................

○ Stagiaire                       ○ Autre : ....................................

## Travailleur étranger

Type, date et numéro du titre autorisant le travail : ....................................

..........................................................................................................

°Copie du titre à intégrer dans le dossier salarié

## Stagiaire

Nom et prénom du tuteur : ...........................................................................

Lieu de présence : ....................................................................................

Note : ....................................................................................................

..........................................................................................................

**N° d'embauche**

## Identification et Carrière

Nom : .................................................................................

Prénom : .............................................................................

Date de naissance : ....................... Nationalité : ...........................

Sexe : ............................................. N° de sécurité sociale : ...............

Adresse : ...........................................................................

Emploi : ............................................................................

Qualification : ....................................................................

Date d'entrée dans l'entreprise : ...............................................

Date de sortie de l'entreprise : ................................................

## Type de Contrat

○ Contrat à durée indéterminée       ○ Apprenti

○ Contrat à durée déterminée         ○ Contrat de professionnalisation

○ Salarié à temps complet            ○ Salarié à temps partiel

○ Mis à disposition par un groupement   ○ Salarié temporaire
   d'employeurs (Nom et adresse du groupement)        (Nom et adresse du groupement)

.................................................         ........................................

○ Stagiaire                          ○ Autre : ....................................

## Travailleur étranger

Type, date et numéro du titre autorisant le travail : ...........................

.................................................................................

°Copie du titre à intégrer dans le dossier salarié

## Stagiaire

Nom et prénom du tuteur : ........................................................

Lieu de présence : ...............................................................

Note : ...........................................................................

.................................................................................

## N° d'embauche

### Identification et Carrière

Nom : ................................................................................

Prénom : ..........................................................................

Date de naissance : ..................... Nationalité : ..........................

Sexe : ............................... N° de sécurité sociale : ...................

Adresse : .........................................................................

Emploi : ..........................................................................

Qualification : ...................................................................

Date d'entrée dans l'entreprise : .................................................

Date de sortie de l'entreprise : ..................................................

### Type de Contrat

- ⭘ Contrat à durée indéterminée
- ⭘ Contrat à durée déterminée
- ⭘ Salarié à temps complet
- ⭘ Mis à disposition par un groupement d'employeurs (Nom et adresse du groupement)

................................................

- ⭘ Stagiaire

- ⭘ Apprenti
- ⭘ Contrat de professionnalisation
- ⭘ Salarié à temps partiel
- ⭘ Salarié temporaire (Nom et adresse du groupement)

................................................

- ⭘ Autre : ...............................

### Travailleur étranger

Type, date et numéro du titre autorisant le travail : ..............................

.................................................................................

°Copie du titre à intégrer dans le dossier salarié

### Stagiaire

Nom et prénom du tuteur : .........................................................

Lieu de présence : ................................................................

Note : ...........................................................................

.................................................................................

## N° d'embauche

## Identification et Carrière

Nom : ...................................................................................................

Prénom : ...........................................................................................

Date de naissance : ........................ Nationalité : ...............................

Sexe : ................................................ N° de sécurité sociale : ...............

Adresse : ............................................................................................

Emploi : ..............................................................................................

Qualification : ....................................................................................

Date d'entrée dans l'entreprise : ......................................................

Date de sortie de l'entreprise : ........................................................

## Type de Contrat

○ Contrat à durée indéterminée        ○ Apprenti

○ Contrat à durée déterminée          ○ Contrat de professionnalisation

○ Salarié à temps complet             ○ Salarié à temps partiel

○ Mis à disposition par un groupement ○ Salarié temporaire
  d'employeurs (Nom et adresse du groupement)        (Nom et adresse du groupement)

..........................................        ..........................................

○ Stagiaire                           ○ Autre : ..................................

## Travailleur étranger

Type, date et numéro du titre autorisant le travail : ............................

.............................................................................................................

°Copie du titre à intégrer dans le dossier salarié

## Stagiaire

Nom et prénom du tuteur : ..................................................................

Lieu de présence : ...............................................................................

Note : ...................................................................................................

.............................................................................................................

## N° d'embauche

### Identification et Carrière

Nom : ................................................................................

Prénom : ............................................................................

Date de naissance : ........................ Nationalité : ........................

Sexe : ............................ N° de sécurité sociale : ........................

Adresse : ..........................................................................

Emploi : ..........................................................................

Qualification : ....................................................................

Date d'entrée dans l'entreprise : ................................................

Date de sortie de l'entreprise : .................................................

### Type de Contrat

○ Contrat à durée indéterminée     ○ Apprenti

○ Contrat à durée déterminée     ○ Contrat de professionnalisation

○ Salarié à temps complet     ○ Salarié à temps partiel

○ Mis à disposition par un groupement     ○ Salarié temporaire

d'employeurs (Nom et adresse du groupement)     (Nom et adresse du groupement)

................................................     ................................................

○ Stagiaire     ○ Autre : ........................................

### Travailleur étranger

Type, date et numéro du titre autorisant le travail : ...........................

..................................................................................

°Copie du titre à intégrer dans le dossier salarié

### Stagiaire

Nom et prénom du tuteur : ........................................................

Lieu de présence : ...............................................................

Note : ...........................................................................

..................................................................................

## N° d'embauche

## Identification et Carrière

Nom : ......................................................................................................

Prénom : ................................................................................................

Date de naissance : ........................ Nationalité : ...............................

Sexe : ................................................ N° de sécurité sociale : .............

Adresse : ................................................................................................

Emploi : .................................................................................................

Qualification : .......................................................................................

Date d'entrée dans l'entreprise : .......................................................

Date de sortie de l'entreprise : ...........................................................

## Type de Contrat

○ Contrat à durée indéterminée         ○ Apprenti

○ Contrat à durée déterminée           ○ Contrat de professionnalisation

○ Salarié à temps complet              ○ Salarié à temps partiel

○ Mis à disposition par un groupement  ○ Salarié temporaire
  d'employeurs (Nom et adresse du groupement)       (Nom et adresse du groupement)

..................................................    ..................................................

○ Stagiaire                            ○ Autre : ....................................

## Travailleur étranger

Type, date et numéro du titre autorisant le travail : ...........................

..................................................................................................................

°Copie du titre à intégrer dans le dossier salarié

## Stagiaire

Nom et prénom du tuteur : ....................................................................

Lieu de présence : .................................................................................

Note : ......................................................................................................

..................................................................................................................

## N° d'embauche

## Identification et Carrière

Nom : ...........................................................................................................

Prénom : .....................................................................................................

Date de naissance : ........................ Nationalité : ....................................

Sexe : ............................................ N° de sécurité sociale : ...................

Adresse : ....................................................................................................

Emploi : ......................................................................................................

Qualification : ............................................................................................

Date d'entrée dans l'entreprise : ..............................................................

Date de sortie de l'entreprise : .................................................................

## Type de Contrat

○ Contrat à durée indéterminée          ○ Apprenti

○ Contrat à durée déterminée            ○ Contrat de professionnalisation

○ Salarié à temps complet               ○ Salarié à temps partiel

○ Mis à disposition par un groupement   ○ Salarié temporaire

  d'employeurs (Nom et adresse du groupement)      (Nom et adresse du groupement)

........................................................      .................................................

○ Stagiaire                             ○ Autre : ..........................................

## Travailleur étranger

Type, date et numéro du titre autorisant le travail : ................................

.....................................................................................................................

°Copie du titre à intégrer dans le dossier salarié

## Stagiaire

Nom et prénom du tuteur : .........................................................................

Lieu de présence : ......................................................................................

Note : ..........................................................................................................

.....................................................................................................................

## N° d'embauche

## Identification et Carrière

Nom : ....................................................................................

Prénom : .............................................................................

Date de naissance : ........................ Nationalité : ...............................................

Sexe : ............................................... N° de sécurité sociale : ......................

Adresse : ..........................................................................................

Emploi : ...........................................................................................

Qualification : ..................................................................................

Date d'entrée dans l'entreprise : ..............................................................

Date de sortie de l'entreprise : ...............................................................

## Type de Contrat

O Contrat à durée indéterminée     O Apprenti

O Contrat à durée déterminée     O Contrat de professionnalisation

O Salarié à temps complet     O Salarié à temps partiel

O Mis à disposition par un groupement     O Salarié temporaire

d'employeurs (Nom et adresse du groupement)     (Nom et adresse du groupement)

..................................................     ..................................................

O Stagiaire     O Autre : ....................................

## Travailleur étranger

Type, date et numéro du titre autorisant le travail : ...................................

.........................................................................................................

°Copie du titre à intégrer dans le dossier salarié

## Stagiaire

Nom et prénom du tuteur : .............................................................

Lieu de présence : ..........................................................................

Note : ..............................................................................................

.........................................................................................................

**N° d'embauche**

## Identification et Carrière

Nom : .................................................................

Prénom : .............................................................

Date de naissance : ...................... Nationalité : ...............................

Sexe : ............................................... N° de sécurité sociale : ...................

Adresse : .............................................................

Emploi : ..............................................................

Qualification : ......................................................

Date d'entrée dans l'entreprise : ...............................

Date de sortie de l'entreprise : .................................

## Type de Contrat

○ Contrat à durée indéterminée　　　○ Apprenti

○ Contrat à durée déterminée　　　　○ Contrat de professionnalisation

○ Salarié à temps complet　　　　　○ Salarié à temps partiel

○ Mis à disposition par un groupement　○ Salarié temporaire
　d'employeurs (Nom et adresse du groupement)　　(Nom et adresse du groupement)

.............................................　　.............................................

○ Stagiaire　　　　　　　　　　　○ Autre : ...............................

## Travailleur étranger

Type, date et numéro du titre autorisant le travail : ...................

.............................................................................

°Copie du titre à intégrer dans le dossier salarié

## Stagiaire

Nom et prénom du tuteur : ...........................................

Lieu de présence : ....................................................

Note : .................................................................

.............................................................................

## Identification et Carrière

Nom : ..................................................................................................

Prénom : ..............................................................................................

Date de naissance : ........................ Nationalité : ...................................

Sexe : ........................................... N° de sécurité sociale : ...................

Adresse : ..............................................................................................

Emploi : ...............................................................................................

Qualification : ......................................................................................

Date d'entrée dans l'entreprise : ...........................................................

Date de sortie de l'entreprise : .............................................................

## Type de Contrat

○ Contrat à durée indéterminée                    ○ Apprenti

○ Contrat à durée déterminée                      ○ Contrat de professionnalisation

○ Salarié à temps complet                         ○ Salarié à temps partiel

○ Mis à disposition par un groupement             ○ Salarié temporaire
  d'employeurs (Nom et adresse du groupement)        (Nom et adresse du groupement)

............................................................        ..........................................................

○ Stagiaire                                       ○ Autre : .........................................

## Travailleur étranger

Type, date et numéro du titre autorisant le travail : .................................

..........................................................................................................

°Copie du titre à intégrer dans le dossier salarié

## Stagiaire

Nom et prénom du tuteur : .....................................................................

Lieu de présence : .................................................................................

Note : ..................................................................................................

..........................................................................................................

**N° d'embauche**

## Identification et Carrière

Nom : ........................................................................................................

Prénom : ...................................................................................................

Date de naissance : ........................... Nationalité : ...............................

Sexe : ................................................ N° de sécurité sociale : ...............

Adresse : ..................................................................................................

Emploi : ....................................................................................................

Qualification : ..........................................................................................

Date d'entrée dans l'entreprise : ...........................................................

Date de sortie de l'entreprise : ..............................................................

## Type de Contrat

○ Contrat à durée indéterminée         ○ Apprenti

○ Contrat à durée déterminée           ○ Contrat de professionnalisation

○ Salarié à temps complet              ○ Salarié à temps partiel

○ Mis à disposition par un groupement  ○ Salarié temporaire

d'employeurs (Nom et adresse du groupement)        (Nom et adresse du groupement)

........................................        ........................................

○ Stagiaire                            ○ Autre : ...................................

## Travailleur étranger

Type, date et numéro du titre autorisant le travail : ...............................

..................................................................................................................

°Copie du titre à intégrer dans le dossier salarié

## Stagiaire

Nom et prénom du tuteur : ......................................................................

Lieu de présence : ...................................................................................

Note : .......................................................................................................

..................................................................................................................

## Identification et Carrière

Nom : ..............................................................................................

Prénom : ..........................................................................................

Date de naissance : ........................ Nationalité : ................................

Sexe : .................................. N° de sécurité sociale : ..........................

Adresse : ..........................................................................................

Emploi : ...........................................................................................

Qualification : ...................................................................................

Date d'entrée dans l'entreprise : .......................................................

Date de sortie de l'entreprise : ..........................................................

## Type de Contrat

○ Contrat à durée indéterminée     ○ Apprenti

○ Contrat à durée déterminée     ○ Contrat de professionnalisation

○ Salarié à temps complet     ○ Salarié à temps partiel

○ Mis à disposition par un groupement   ○ Salarié temporaire

d'employeurs (Nom et adresse du groupement)    (Nom et adresse du groupement)

......................................................   ..........................................

○ Stagiaire      ○ Autre : ................................................

## Travailleur étranger

Type, date et numéro du titre autorisant le travail : .............................

...........................................................................................................

°Copie du titre à intégrer dans le dossier salarié

## Stagiaire

Nom et prénom du tuteur : .................................................................

Lieu de présence : .............................................................................

Note : ................................................................................................

...........................................................................................................

**N° d'embauche**

## Identification et Carrière

Nom : ...........................................................................................................

Prénom : ....................................................................................................

Date de naissance : ............................ Nationalité : ...............................

Sexe : ................................................ N° de sécurité sociale : ..............

Adresse : ....................................................................................................

Emploi : ......................................................................................................

Qualification : ...........................................................................................

Date d'entrée dans l'entreprise : ...........................................................

Date de sortie de l'entreprise : ..............................................................

## Type de Contrat

○ Contrat à durée indéterminée    ○ Apprenti

○ Contrat à durée déterminée    ○ Contrat de professionnalisation

○ Salarié à temps complet    ○ Salarié à temps partiel

○ Mis à disposition par un groupement    ○ Salarié temporaire

    d'employeurs (Nom et adresse du groupement)    (Nom et adresse du groupement)

......................................................    ......................................................

○ Stagiaire    ○ Autre : ...........................................

## Travailleur étranger

Type, date et numéro du titre autorisant le travail : ................................

.....................................................................................................................

°Copie du titre à intégrer dans le dossier salarié

## Stagiaire

Nom et prénom du tuteur : .......................................................................

Lieu de présence : ....................................................................................

Note : ..........................................................................................................

.....................................................................................................................

**N° d'embauche**

## Identification et Carrière

Nom : ..........................................................................................

Prénom : ......................................................................................

Date de naissance : ....................... Nationalité : ...............................

Sexe : ................................. N° de sécurité sociale : ...........................

Adresse : .....................................................................................

Emploi : ......................................................................................

Qualification : ..............................................................................

Date d'entrée dans l'entreprise : ......................................................

Date de sortie de l'entreprise : .......................................................

## Type de Contrat

○ Contrat à durée indéterminée          ○ Apprenti

○ Contrat à durée déterminée            ○ Contrat de professionnalisation

○ Salarié à temps complet               ○ Salarié à temps partiel

○ Mis à disposition par un groupement   ○ Salarié temporaire
   d'employeurs (Nom et adresse du groupement)      (Nom et adresse du groupement)

.............................................           ....................................................

○ Stagiaire                             ○ Autre : ............................................

## Travailleur étranger

Type, date et numéro du titre autorisant le travail : ...................................

...............................................................................................

°Copie du titre à intégrer dans le dossier salarié

## Stagiaire

Nom et prénom du tuteur : ..............................................................

Lieu de présence : ........................................................................

Note : ........................................................................................

...............................................................................................

## N° d'embauche

## Identification et Carrière

Nom : ................................................................................................

Prénom : ...........................................................................................

Date de naissance : ....................... Nationalité : ...............................

Sexe : ........................................ N° de sécurité sociale : ..................

Adresse : ...........................................................................................

Emploi : .............................................................................................

Qualification : ....................................................................................

Date d'entrée dans l'entreprise : ........................................................

Date de sortie de l'entreprise : ..........................................................

## Type de Contrat

○ Contrat à durée indéterminée        ○ Apprenti

○ Contrat à durée déterminée          ○ Contrat de professionnalisation

○ Salarié à temps complet             ○ Salarié à temps partiel

○ Mis à disposition par un groupement ○ Salarié temporaire

d'employeurs (Nom et adresse du groupement)        (Nom et adresse du groupement)

..............................................        ..............................................

○ Stagiaire                           ○ Autre : ...................................

## Travailleur étranger

Type, date et numéro du titre autorisant le travail : ............................

...........................................................................................................

°Copie du titre à intégrer dans le dossier salarié

## Stagiaire

Nom et prénom du tuteur : .................................................................

Lieu de présence : ............................................................................

Note : ................................................................................................

...........................................................................................................

**N° d'embauche**

## Identification et Carrière

Nom : .....................................................................................................

Prénom : ...............................................................................................

Date de naissance : ........................ Nationalité : ...........................................

Sexe : .......................................... N° de sécurité sociale : ...........................

Adresse : ..............................................................................................

Emploi : ................................................................................................

Qualification : .........................................................................................

Date d'entrée dans l'entreprise : ...............................................................

Date de sortie de l'entreprise : ..................................................................

## Type de Contrat

○ Contrat à durée indéterminée     ○ Apprenti

○ Contrat à durée déterminée     ○ Contrat de professionnalisation

○ Salarié à temps complet     ○ Salarié à temps partiel

○ Mis à disposition par un groupement     ○ Salarié temporaire

    d'employeurs (Nom et adresse du groupement)     (Nom et adresse du groupement)

.........................................................     .........................................................

○ Stagiaire     ○ Autre : .............................................

## Travailleur étranger

Type, date et numéro du titre autorisant le travail : .....................................

..................................................................................................................

°Copie du titre à intégrer dans le dossier salarié

## Stagiaire

Nom et prénom du tuteur : .......................................................................

Lieu de présence : ....................................................................................

Note : .......................................................................................................

..................................................................................................................

**N° d'embauche**

## Identification et Carrière

Nom : ........................................................................................

Prénom : ...................................................................................

Date de naissance : ...................... Nationalité : ..........................

Sexe : ................................. N° de sécurité sociale : ...................

Adresse : ...................................................................................

Emploi : ....................................................................................

Qualification : ...........................................................................

Date d'entrée dans l'entreprise : ...............................................

Date de sortie de l'entreprise : ..................................................

## Type de Contrat

○ Contrat à durée indéterminée          ○ Apprenti
○ Contrat à durée déterminée            ○ Contrat de professionnalisation
○ Salarié à temps complet               ○ Salarié à temps partiel
○ Mis à disposition par un groupement   ○ Salarié temporaire
   d'employeurs (Nom et adresse du groupement)      (Nom et adresse du groupement)

.................................................     .................................................

○ Stagiaire                             ○ Autre : ...................................

## Travailleur étranger

Type, date et numéro du titre autorisant le travail : .........................

..................................................................................................

°Copie du titre à intégrer dans le dossier salarié

## Stagiaire

Nom et prénom du tuteur : .........................................................

Lieu de présence : ....................................................................

Note : .......................................................................................

..................................................................................................

## Identification et Carrière

Nom : ...............................................................................................

Prénom : ...........................................................................................

Date de naissance : ..........................  Nationalité : ............................................

Sexe : ...................................................  N° de sécurité sociale : ..........................

Adresse : ..........................................................................................

Emploi : ............................................................................................

Qualification : .....................................................................................

Date d'entrée dans l'entreprise : ...................................................................

Date de sortie de l'entreprise : .....................................................................

## Type de Contrat

O Contrat à durée indéterminée          O Apprenti

O Contrat à durée déterminée             O Contrat de professionnalisation

O Salarié à temps complet                   O Salarié à temps partiel

O Mis à disposition par un groupement   O Salarié temporaire

   d'employeurs (Nom et adresse du groupement)        (Nom et adresse du groupement)

.........................................................          .........................................................

O Stagiaire                                         O Autre : .............................................

## Travailleur étranger

Type, date et numéro du titre autorisant le travail : ...........................................

.........................................................................................................

°Copie du titre à intégrer dans le dossier salarié

## Stagiaire

Nom et prénom du tuteur : .........................................................................

Lieu de présence : ..................................................................................

Note : .................................................................................................

.........................................................................................................

## N° d'embauche

## Identification et Carrière

Nom : ...........................................................................................

Prénom : ......................................................................................

Date de naissance : ........................ Nationalité : ...........................

Sexe : ........................................... N° de sécurité sociale : ............

Adresse : .....................................................................................

Emploi : ......................................................................................

Qualification : ..............................................................................

Date d'entrée dans l'entreprise : ....................................................

Date de sortie de l'entreprise : .......................................................

## Type de Contrat

○ Contrat à durée indéterminée    ○ Apprenti

○ Contrat à durée déterminée    ○ Contrat de professionnalisation

○ Salarié à temps complet    ○ Salarié à temps partiel

○ Mis à disposition par un groupement    ○ Salarié temporaire

d'employeurs (Nom et adresse du groupement)    (Nom et adresse du groupement)

................................................    ................................................

○ Stagiaire    ○ Autre : ..................................

## Travailleur étranger

Type, date et numéro du titre autorisant le travail : ...........................

....................................................................................................

°Copie du titre à intégrer dans le dossier salarié

## Stagiaire

Nom et prénom du tuteur : .............................................................

Lieu de présence : ........................................................................

Note : .........................................................................................

....................................................................................................

## Identification et Carrière

Nom : ...........................................................................................................

Prénom : ...................................................................................................

Date de naissance : ........................ Nationalité : .......................................

Sexe : ........................................... N° de sécurité sociale : .........................

Adresse : ....................................................................................................

Emploi : ......................................................................................................

Qualification : .............................................................................................

Date d'entrée dans l'entreprise : ................................................................

Date de sortie de l'entreprise : ...................................................................

## Type de Contrat

○ Contrat à durée indéterminée      ○ Apprenti

○ Contrat à durée déterminée      ○ Contrat de professionnalisation

○ Salarié à temps complet      ○ Salarié à temps partiel

○ Mis à disposition par un groupement    ○ Salarié temporaire

     d'employeurs (Nom et adresse du groupement)      (Nom et adresse du groupement)

.....................................................      .....................................................

○ Stagiaire      ○ Autre : ........................................

## Travailleur étranger

Type, date et numéro du titre autorisant le travail : ....................................

.......................................................................................................................

°Copie du titre à intégrer dans le dossier salarié

## Stagiaire

Nom et prénom du tuteur : ..........................................................................

Lieu de présence : .......................................................................................

Note : ...........................................................................................................

.......................................................................................................................

## N° d'embauche

## Identification et Carrière

Nom : ...........................................................................................................

Prénom : .......................................................................................................

Date de naissance : ........................ Nationalité : ..........................................

Sexe : ................................................ N° de sécurité sociale : ........................

Adresse : .....................................................................................................

Emploi : .......................................................................................................

Qualification : ...............................................................................................

Date d'entrée dans l'entreprise : ....................................................................

Date de sortie de l'entreprise : .......................................................................

## Type de Contrat

○ Contrat à durée indéterminée          ○ Apprenti

○ Contrat à durée déterminée            ○ Contrat de professionnalisation

○ Salarié à temps complet               ○ Salarié à temps partiel

○ Mis à disposition par un groupement   ○ Salarié temporaire
  d'employeurs (Nom et adresse du groupement)    (Nom et adresse du groupement)

.................................................        ............................................................

○ Stagiaire                             ○ Autre : ..............................................

## Travailleur étranger

Type, date et numéro du titre autorisant le travail : ..........................................

.................................................................................................................

°Copie du titre à intégrer dans le dossier salarié

## Stagiaire

Nom et prénom du tuteur : ..............................................................................

Lieu de présence : .........................................................................................

Note : ..........................................................................................................

.................................................................................................................

## N° d'embauche

## Identification et Carrière

Nom : ......................................................................................

Prénom : ...............................................................................

Date de naissance : ...................... Nationalité : .......................................

Sexe : ........................................ N° de sécurité sociale : .......................

Adresse : ...............................................................................

Emploi : ...............................................................................

Qualification : ...............................................................................

Date d'entrée dans l'entreprise : ...............................................

Date de sortie de l'entreprise : ...............................................

## Type de Contrat

○ Contrat à durée indéterminée     ○ Apprenti

○ Contrat à durée déterminée     ○ Contrat de professionnalisation

○ Salarié à temps complet     ○ Salarié à temps partiel

○ Mis à disposition par un groupement   ○ Salarié temporaire

d'employeurs (Nom et adresse du groupement)     (Nom et adresse du groupement)

..............................................     ..............................................

○ Stagiaire     ○ Autre : ....................................

## Travailleur étranger

Type, date et numéro du titre autorisant le travail : .......................................

...............................................................................

°Copie du titre à intégrer dans le dossier salarié

## Stagiaire

Nom et prénom du tuteur : ...............................................

Lieu de présence : ...............................................

Note : ...............................................................................

...............................................................................

**N° d'embauche**

## Identification et Carrière

Nom : ................................................................................

Prénom : ............................................................................

Date de naissance : ..................... Nationalité : .......................

Sexe : ............................... N° de sécurité sociale : ...............

Adresse : ...........................................................................

Emploi : ............................................................................

Qualification : .....................................................................

Date d'entrée dans l'entreprise : ..............................................

Date de sortie de l'entreprise : ................................................

## Type de Contrat

○ Contrat à durée indéterminée          ○ Apprenti

○ Contrat à durée déterminée            ○ Contrat de professionnalisation

○ Salarié à temps complet               ○ Salarié à temps partiel

○ Mis à disposition par un groupement   ○ Salarié temporaire

d'employeurs (Nom et adresse du groupement)     (Nom et adresse du groupement)

.................................................     .................................................

○ Stagiaire                             ○ Autre : ...............................

## Travailleur étranger

Type, date et numéro du titre autorisant le travail : .....................

.........................................................................................

°Copie du titre à intégrer dans le dossier salarié

## Stagiaire

Nom et prénom du tuteur : .......................................................

Lieu de présence : .................................................................

Note : ...............................................................................

.........................................................................................

## Identification et Carrière

Nom : ....................................................................................................

Prénom : ................................................................................................

Date de naissance : ....................... Nationalité : ...........................................

Sexe : .......................................... N° de sécurité sociale : ...........................

Adresse : ................................................................................................

Emploi : .................................................................................................

Qualification : .........................................................................................

Date d'entrée dans l'entreprise : ...................................................................

Date de sortie de l'entreprise : .....................................................................

## Type de Contrat

○ Contrat à durée indéterminée      ○ Apprenti

○ Contrat à durée déterminée      ○ Contrat de professionnalisation

○ Salarié à temps complet      ○ Salarié à temps partiel

○ Mis à disposition par un groupement      ○ Salarié temporaire

d'employeurs (Nom et adresse du groupement)      (Nom et adresse du groupement)

....................................................      ....................................................

○ Stagiaire      ○ Autre : ...................................

## Travailleur étranger

Type, date et numéro du titre autorisant le travail : ...........................................

.......................................................................................................

°Copie du titre à intégrer dans le dossier salarié

## Stagiaire

Nom et prénom du tuteur : ...........................................................................

Lieu de présence : .....................................................................................

Note : ....................................................................................................

.......................................................................................................

## N° d'embauche

## Identification et Carrière

Nom : ...............................................................................................

Prénom : ...........................................................................................

Date de naissance : .......................... Nationalité : .....................................

Sexe : ...................................... N° de sécurité sociale : ...........................

Adresse : ..........................................................................................

Emploi : ...........................................................................................

Qualification : ....................................................................................

Date d'entrée dans l'entreprise : ...............................................................

Date de sortie de l'entreprise : .................................................................

## Type de Contrat

O Contrat à durée indéterminée     O Apprenti

O Contrat à durée déterminée     O Contrat de professionnalisation

O Salarié à temps complet     O Salarié à temps partiel

O Mis à disposition par un groupement     O Salarié temporaire

d'employeurs (Nom et adresse du groupement)     (Nom et adresse du groupement)

..................................................     ..................................................

O Stagiaire     O Autre : ...........................................

## Travailleur étranger

Type, date et numéro du titre autorisant le travail : ..........................................

...................................................................................................

°Copie du titre à intégrer dans le dossier salarié

## Stagiaire

Nom et prénom du tuteur : .......................................................................

Lieu de présence : ...............................................................................

Note : ............................................................................................

...................................................................................................

## N° d'embauche

### Identification et Carrière

Nom : ...................................................................................................

Prénom : ...............................................................................................

Date de naissance : ..........................    Nationalité : .................................

Sexe : ...................................    N° de sécurité sociale : ...........................

Adresse : ..............................................................................................

Emploi : ...............................................................................................

Qualification : ......................................................................................

Date d'entrée dans l'entreprise : .............................................................

Date de sortie de l'entreprise : ...............................................................

### Type de Contrat

○ Contrat à durée indéterminée                ○ Apprenti

○ Contrat à durée déterminée                   ○ Contrat de professionnalisation

○ Salarié à temps complet                        ○ Salarié à temps partiel

○ Mis à disposition par un groupement       ○ Salarié temporaire
  d'employeurs (Nom et adresse du groupement)

                                                               (Nom et adresse du groupement)

..................................................    ..................................................

○ Stagiaire                                           ○ Autre : .....................................

### Travailleur étranger

Type, date et numéro du titre autorisant le travail : .....................................

.............................................................................................................

°Copie du titre à intégrer dans le dossier salarié

### Stagiaire

Nom et prénom du tuteur : .....................................................................

Lieu de présence : ................................................................................

Note : ...................................................................................................

.............................................................................................................

## N° d'embauche

## Identification et Carrière

Nom : ...................................................................................................................

Prénom : ..............................................................................................................

Date de naissance : ........................ Nationalité : ......................................

Sexe : .......................................... N° de sécurité sociale : ......................

Adresse : ..............................................................................................................

Emploi : ................................................................................................................

Qualification : .....................................................................................................

Date d'entrée dans l'entreprise : ..............................................................

Date de sortie de l'entreprise : ..................................................................

## Type de Contrat

○ Contrat à durée indéterminée     ○ Apprenti

○ Contrat à durée déterminée     ○ Contrat de professionnalisation

○ Salarié à temps complet     ○ Salarié à temps partiel

○ Mis à disposition par un groupement    ○ Salarié temporaire

    d'employeurs (Nom et adresse du groupement)     (Nom et adresse du groupement)

..........................................................    ..........................................................

○ Stagiaire        ○ Autre : ..................................

## Travailleur étranger

Type, date et numéro du titre autorisant le travail : .................................

...............................................................................................................................

°Copie du titre à intégrer dans le dossier salarié

## Stagiaire

Nom et prénom du tuteur : ..........................................................................

Lieu de présence : ...........................................................................................

Note : ...................................................................................................................

...............................................................................................................................

## N° d'embauche

## Identification et Carrière

Nom : ........................................................................................

Prénom : ....................................................................................

Date de naissance : ....................... Nationalité : ...............................

Sexe : ................................... N° de sécurité sociale : ...................

Adresse : ...................................................................................

Emploi : ....................................................................................

Qualification : ..........................................................................

Date d'entrée dans l'entreprise : ...............................................

Date de sortie de l'entreprise : ...............................................

## Type de Contrat

○ Contrat à durée indéterminée     ○ Apprenti

○ Contrat à durée déterminée     ○ Contrat de professionnalisation

○ Salarié à temps complet     ○ Salarié à temps partiel

○ Mis à disposition par un groupement    ○ Salarié temporaire

   d'employeurs (Nom et adresse du groupement)      (Nom et adresse du groupement)

....................................................     ....................................................

○ Stagiaire              ○ Autre : ...............................

## Travailleur étranger

Type, date et numéro du titre autorisant le travail : ...........................

...........................................................................................

°Copie du titre à intégrer dans le dossier salarié

## Stagiaire

Nom et prénom du tuteur : ...........................................................

Lieu de présence : .......................................................................

Note : ......................................................................................

...........................................................................................

## N° d'embauche

## Identification et Carrière

Nom : ............................................................................................

Prénom : ........................................................................................

Date de naissance : ...................... Nationalité : ...............................

Sexe : ........................................ N° de sécurité sociale : ..................

Adresse : .......................................................................................

Emploi : .........................................................................................

Qualification : ................................................................................

Date d'entrée dans l'entreprise : ....................................................

Date de sortie de l'entreprise : .......................................................

## Type de Contrat

O Contrat à durée indéterminée     O Apprenti

O Contrat à durée déterminée     O Contrat de professionnalisation

O Salarié à temps complet     O Salarié à temps partiel

O Mis à disposition par un groupement    O Salarié temporaire

   d'employeurs (Nom et adresse du groupement)     (Nom et adresse du groupement)

...............................................     ...............................................

O Stagiaire     O Autre : ............................................

## Travailleur étranger

Type, date et numéro du titre autorisant le travail : ...........................

......................................................................................................

°Copie du titre à intégrer dans le dossier salarié

## Stagiaire

Nom et prénom du tuteur : .............................................................

Lieu de présence : .........................................................................

Note : ............................................................................................

......................................................................................................

## N° d'embauche

## Identification et Carrière

Nom : ........................................................................................

Prénom : ....................................................................................

Date de naissance : ........................ Nationalité : ..........................

Sexe : ........................................ N° de sécurité sociale : ..............

Adresse : ...................................................................................

Emploi : .....................................................................................

Qualification : .............................................................................

Date d'entrée dans l'entreprise : ..................................................

Date de sortie de l'entreprise : .....................................................

## Type de Contrat

O Contrat à durée indéterminée　　O Apprenti

O Contrat à durée déterminée　　O Contrat de professionnalisation

O Salarié à temps complet　　O Salarié à temps partiel

O Mis à disposition par un groupement　O Salarié temporaire

　d'employeurs (Nom et adresse du groupement)　　(Nom et adresse du groupement)

........................................................　........................................................

O Stagiaire　　O Autre : ........................................

## Travailleur étranger

Type, date et numéro du titre autorisant le travail : ........................

...................................................................................................

°Copie du titre à intégrer dans le dossier salarié

## Stagiaire

Nom et prénom du tuteur : ..........................................................

Lieu de présence : ......................................................................

Note : ........................................................................................

...................................................................................................

## Identification et Carrière

Nom : ...................................................................................................

Prénom : ..............................................................................................

Date de naissance : ..........................  Nationalité : ................................

Sexe : .................................  N° de sécurité sociale : .........................

Adresse : .............................................................................................

Emploi : ..............................................................................................

Qualification : .....................................................................................

Date d'entrée dans l'entreprise : .........................................................

Date de sortie de l'entreprise : ...........................................................

## Type de Contrat

○ Contrat à durée indéterminée      ○ Apprenti

○ Contrat à durée déterminée      ○ Contrat de professionnalisation

○ Salarié à temps complet      ○ Salarié à temps partiel

○ Mis à disposition par un groupement      ○ Salarié temporaire
d'employeurs (Nom et adresse du groupement)      (Nom et adresse du groupement)

..................................................      ..................................................

○ Stagiaire      ○ Autre : ......................................

## Travailleur étranger

Type, date et numéro du titre autorisant le travail : ...............................

.............................................................................................................

°Copie du titre à intégrer dans le dossier salarié

## Stagiaire

Nom et prénom du tuteur : ...................................................................

Lieu de présence : ...............................................................................

Note : ..................................................................................................

.............................................................................................................

## N° d'embauche

## Identification et Carrière

Nom : ........................................................................................

Prénom : ...................................................................................

Date de naissance : ....................... Nationalité : ................................

Sexe : ........................................... N° de sécurité sociale : ..................

Adresse : ....................................................................................

Emploi : .....................................................................................

Qualification : ...........................................................................

Date d'entrée dans l'entreprise : ..................................................

Date de sortie de l'entreprise : ....................................................

## Type de Contrat

○ Contrat à durée indéterminée     ○ Apprenti

○ Contrat à durée déterminée     ○ Contrat de professionnalisation

○ Salarié à temps complet     ○ Salarié à temps partiel

○ Mis à disposition par un groupement     ○ Salarié temporaire

d'employeurs (Nom et adresse du groupement)     (Nom et adresse du groupement)

..................................................     ..................................................

○ Stagiaire     ○ Autre : ...................................

## Travailleur étranger

Type, date et numéro du titre autorisant le travail : ...................................

..............................................................................................

°Copie du titre à intégrer dans le dossier salarié

## Stagiaire

Nom et prénom du tuteur : ...........................................................

Lieu de présence : .......................................................................

Note : ........................................................................................

..............................................................................................

**N° d'embauche**

## Identification et Carrière

Nom : ..................................................................................................................

Prénom : ...........................................................................................................

Date de naissance : ...................... Nationalité : ...........................................

Sexe : ........................................... N° de sécurité sociale : ...........................

Adresse : ..........................................................................................................

Emploi : ............................................................................................................

Qualification : ..................................................................................................

Date d'entrée dans l'entreprise : ...................................................................

Date de sortie de l'entreprise : ......................................................................

## Type de Contrat

O Contrat à durée indéterminée        O Apprenti

O Contrat à durée déterminée           O Contrat de professionnalisation

O Salarié à temps complet               O Salarié à temps partiel

O Mis à disposition par un groupement  O Salarié temporaire

   d'employeurs (Nom et adresse du groupement)        (Nom et adresse du groupement)

.............................................................        .............................................................

O Stagiaire        O Autre : .................................

## Travailleur étranger

Type, date et numéro du titre autorisant le travail : ...................................

..........................................................................................................................

°Copie du titre à intégrer dans le dossier salarié

## Stagiaire

Nom et prénom du tuteur : ............................................................................

Lieu de présence : ..........................................................................................

Note : ...............................................................................................................

..........................................................................................................................

## N° d'embauche

## Identification et Carrière

Nom : ......................................................................................

Prénom : ................................................................................

Date de naissance : ....................... Nationalité : ...........................

Sexe : ........................... N° de sécurité sociale : ...........................

Adresse : ................................................................................

Emploi : .................................................................................

Qualification : ........................................................................

Date d'entrée dans l'entreprise : ...............................................

Date de sortie de l'entreprise : .................................................

## Type de Contrat

○ Contrat à durée indéterminée        ○ Apprenti

○ Contrat à durée déterminée          ○ Contrat de professionnalisation

○ Salarié à temps complet             ○ Salarié à temps partiel

○ Mis à disposition par un groupement  ○ Salarié temporaire

   d'employeurs (Nom et adresse du groupement)        (Nom et adresse du groupement)

................................................        ................................................

○ Stagiaire                           ○ Autre : ...................................

## Travailleur étranger

Type, date et numéro du titre autorisant le travail : ...........................

........................................................................................

°Copie du titre à intégrer dans le dossier salarié

## Stagiaire

Nom et prénom du tuteur : .......................................................

Lieu de présence : ..................................................................

Note : ....................................................................................

........................................................................................

**N° d'embauche**

## Identification et Carrière

Nom : .................................................................................

Prénom : .............................................................................

Date de naissance : ...................... Nationalité : ...........................

Sexe : ................................ N° de sécurité sociale : ....................

Adresse : ............................................................................

Emploi : .............................................................................

Qualification : ......................................................................

Date d'entrée dans l'entreprise : ...................................................

Date de sortie de l'entreprise : ....................................................

## Type de Contrat

O Contrat à durée indéterminée    O Apprenti

O Contrat à durée déterminée    O Contrat de professionnalisation

O Salarié à temps complet    O Salarié à temps partiel

O Mis à disposition par un groupement    O Salarié temporaire

d'employeurs (Nom et adresse du groupement)     (Nom et adresse du groupement)

..........................................    ..........................................

O Stagiaire      O Autre : ..................................

## Travailleur étranger

Type, date et numéro du titre autorisant le travail : ...............................

.....................................................................................

°Copie du titre à intégrer dans le dossier salarié

## Stagiaire

Nom et prénom du tuteur : ...........................................................

Lieu de présence : ..................................................................

Note : ..............................................................................

.....................................................................................

**N° d'embauche**

## Identification et Carrière

Nom : ........................................................................................................

Prénom : ...................................................................................................

Date de naissance : ........................... Nationalité : ...........................................

Sexe : ................................................ N° de sécurité sociale : ............................

Adresse : ...................................................................................................

Emploi : ....................................................................................................

Qualification : .............................................................................................

Date d'entrée dans l'entreprise : ..........................................................................

Date de sortie de l'entreprise : ............................................................................

## Type de Contrat

○ Contrat à durée indéterminée          ○ Apprenti

○ Contrat à durée déterminée            ○ Contrat de professionnalisation

○ Salarié à temps complet               ○ Salarié à temps partiel

○ Mis à disposition par un groupement   ○ Salarié temporaire
   d'employeurs (Nom et adresse du groupement)         (Nom et adresse du groupement)

.....................................................          ........................................................

○ Stagiaire                             ○ Autre : ...............................

## Travailleur étranger

Type, date et numéro du titre autorisant le travail : ...............................................

.............................................................................................................

°Copie du titre à intégrer dans le dossier salarié

## Stagiaire

Nom et prénom du tuteur : ..................................................................................

Lieu de présence : .........................................................................................

Note : .......................................................................................................

.............................................................................................................

## N° d'embauche

## Identification et Carrière

Nom : ...........................................................................................

Prénom : ...........................................................................................

Date de naissance : ........................ Nationalité : .................................

Sexe : ...................................... N° de sécurité sociale : .......................

Adresse : ........................................................................................

Emploi : ........................................................................................

Qualification : ..................................................................................

Date d'entrée dans l'entreprise : .............................................................

Date de sortie de l'entreprise : ...............................................................

## Type de Contrat

○ Contrat à durée indéterminée          ○ Apprenti

○ Contrat à durée déterminée            ○ Contrat de professionnalisation

○ Salarié à temps complet               ○ Salarié à temps partiel

○ Mis à disposition par un groupement   ○ Salarié temporaire
   d'employeurs (Nom et adresse du groupement)      (Nom et adresse du groupement)

.....................................          .....................................

○ Stagiaire                              ○ Autre : .................................

## Travailleur étranger

Type, date et numéro du titre autorisant le travail : .................................

...........................................................................................

°Copie du titre à intégrer dans le dossier salarié

## Stagiaire

Nom et prénom du tuteur : ...................................................................

Lieu de présence : ...........................................................................

Note : ...........................................................................................

...........................................................................................

## N° d'embauche

## Identification et Carrière

Nom : ..............................................................................................

Prénom : ..........................................................................................

Date de naissance : ..................... Nationalité : ..................................

Sexe : ................................... N° de sécurité sociale : ........................

Adresse : ..........................................................................................

Emploi : ...........................................................................................

Qualification : ...................................................................................

Date d'entrée dans l'entreprise : .......................................................

Date de sortie de l'entreprise : ..........................................................

## Type de Contrat

O Contrat à durée indéterminée          O Apprenti

O Contrat à durée déterminée            O Contrat de professionnalisation

O Salarié à temps complet               O Salarié à temps partiel

O Mis à disposition par un groupement   O Salarié temporaire
d'employeurs (Nom et adresse du groupement)    (Nom et adresse du groupement)

.................................................    ....................................................

O Stagiaire                             O Autre : ........................................

## Travailleur étranger

Type, date et numéro du titre autorisant le travail : ...........................

..........................................................................................................

°Copie du titre à intégrer dans le dossier salarié

## Stagiaire

Nom et prénom du tuteur : ................................................................

Lieu de présence : ............................................................................

Note : ...............................................................................................

..........................................................................................................

## N° d'embauche

## Identification et Carrière

Nom : ....................................................................................

Prénom : ..............................................................................

Date de naissance : ..................... Nationalité : ..........................

Sexe : ...................................... N° de sécurité sociale : ...............

Adresse : ..............................................................................

Emploi : ...............................................................................

Qualification : .......................................................................

Date d'entrée dans l'entreprise : ..............................................

Date de sortie de l'entreprise : ................................................

## Type de Contrat

○ Contrat à durée indéterminée     ○ Apprenti

○ Contrat à durée déterminée     ○ Contrat de professionnalisation

○ Salarié à temps complet     ○ Salarié à temps partiel

○ Mis à disposition par un groupement     ○ Salarié temporaire
d'employeurs (Nom et adresse du groupement)     (Nom et adresse du groupement)

........................................................     ........................................................

○ Stagiaire     ○ Autre : .........................................

## Travailleur étranger

Type, date et numéro du titre autorisant le travail : ....................................

............................................................................................................

°Copie du titre à intégrer dans le dossier salarié

## Stagiaire

Nom et prénom du tuteur : .........................................................

Lieu de présence : ....................................................................

Note : ....................................................................................

............................................................................................................

**N° d'embauche**

## Identification et Carrière

Nom : ..........................................................................................................

Prénom : ....................................................................................................

Date de naissance : ...................... Nationalité : ...............................

Sexe : ............................... N° de sécurité sociale : .........................

Adresse : ...................................................................................................

Emploi : .....................................................................................................

Qualification : ..........................................................................................

Date d'entrée dans l'entreprise : .......................................................

Date de sortie de l'entreprise : ...........................................................

## Type de Contrat

○ Contrat à durée indéterminée    ○ Apprenti

○ Contrat à durée déterminée    ○ Contrat de professionnalisation

○ Salarié à temps complet    ○ Salarié à temps partiel

○ Mis à disposition par un groupement    ○ Salarié temporaire

  d'employeurs (Nom et adresse du groupement)    (Nom et adresse du groupement)

............................................................    ............................................................

○ Stagiaire    ○ Autre : ...........................................

## Travailleur étranger

Type, date et numéro du titre autorisant le travail : ............................

....................................................................................................................

°Copie du titre à intégrer dans le dossier salarié

## Stagiaire

Nom et prénom du tuteur : ...................................................................

Lieu de présence : ..................................................................................

Note : ........................................................................................................

....................................................................................................................

## N° d'embauche

## Identification et Carrière

Nom : ...........................................................................................

Prénom : ......................................................................................

Date de naissance : ....................... Nationalité : ...........................

Sexe : ................................... N° de sécurité sociale : ...................

Adresse : ......................................................................................

Emploi : .......................................................................................

Qualification : ..............................................................................

Date d'entrée dans l'entreprise : ..............................................

Date de sortie de l'entreprise : ................................................

## Type de Contrat

O Contrat à durée indéterminée        O Apprenti

O Contrat à durée déterminée          O Contrat de professionnalisation

O Salarié à temps complet             O Salarié à temps partiel

O Mis à disposition par un groupement O Salarié temporaire

d'employeurs (Nom et adresse du groupement)      (Nom et adresse du groupement)

.............................................        .............................................

O Stagiaire                           O Autre : ...................................

## Travailleur étranger

Type, date et numéro du titre autorisant le travail : ...........................

....................................................................................................

°Copie du titre à intégrer dans le dossier salarié

## Stagiaire

Nom et prénom du tuteur : ............................................................

Lieu de présence : .......................................................................

Note : ...........................................................................................

....................................................................................................

## Identification et Carrière

Nom : ...................................................................................................

Prénom : .............................................................................................

Date de naissance : ........................ Nationalité : .................................

Sexe : ................................... N° de sécurité sociale : .........................

Adresse : .............................................................................................

Emploi : ...............................................................................................

Qualification : .....................................................................................

Date d'entrée dans l'entreprise : ........................................................

Date de sortie de l'entreprise : ..........................................................

## Type de Contrat

○ Contrat à durée indéterminée ○ Apprenti

○ Contrat à durée déterminée ○ Contrat de professionnalisation

○ Salarié à temps complet ○ Salarié à temps partiel

○ Mis à disposition par un groupement ○ Salarié temporaire

d'employeurs (Nom et adresse du groupement)    (Nom et adresse du groupement)

............................................................ ............................................................

○ Stagiaire ○ Autre : ...........................................

## Travailleur étranger

Type, date et numéro du titre autorisant le travail : ...............................

................................................................................................................

°Copie du titre à intégrer dans le dossier salarié

## Stagiaire

Nom et prénom du tuteur : ...................................................................

Lieu de présence : ...............................................................................

Note : ...................................................................................................

................................................................................................................

## N° d'embauche

### Identification et Carrière

Nom : .............................................................................................

Prénom : ........................................................................................

Date de naissance : ........................  Nationalité : ...............................

Sexe : ...........................................  N° de sécurité sociale : ...................

Adresse : ......................................................................................

Emploi : ........................................................................................

Qualification : ................................................................................

Date d'entrée dans l'entreprise : ....................................................

Date de sortie de l'entreprise : .......................................................

### Type de Contrat

○ Contrat à durée indéterminée          ○ Apprenti

○ Contrat à durée déterminée            ○ Contrat de professionnalisation

○ Salarié à temps complet               ○ Salarié à temps partiel

○ Mis à disposition par un groupement   ○ Salarié temporaire
   d'employeurs (Nom et adresse du groupement)      (Nom et adresse du groupement)

   .................................................          .................................................

○ Stagiaire                             ○ Autre : ....................................

### Travailleur étranger

Type, date et numéro du titre autorisant le travail : ...............................

.............................................................................................

°Copie du titre à intégrer dans le dossier salarié

### Stagiaire

Nom et prénom du tuteur : ...............................................................

Lieu de présence : ..........................................................................

Note : ...........................................................................................

.............................................................................................

## N° d'embauche

### Identification et Carrière

Nom : ...............................................................................................

Prénom : ...........................................................................................

Date de naissance : ........................ Nationalité : ...................................

Sexe : .................................... N° de sécurité sociale : ...........................

Adresse : ..........................................................................................

Emploi : ............................................................................................

Qualification : ....................................................................................

Date d'entrée dans l'entreprise : ..........................................................

Date de sortie de l'entreprise : ............................................................

### Type de Contrat

O Contrat à durée indéterminée    O Apprenti

O Contrat à durée déterminée    O Contrat de professionnalisation

O Salarié à temps complet    O Salarié à temps partiel

O Mis à disposition par un groupement   O Salarié temporaire
d'employeurs (Nom et adresse du groupement)     (Nom et adresse du groupement)

...............................................    ...............................................

O Stagiaire      O Autre : ..............................................

### Travailleur étranger

Type, date et numéro du titre autorisant le travail : ..................................

.......................................................................................................

°Copie du titre à intégrer dans le dossier salarié

### Stagiaire

Nom et prénom du tuteur : ...................................................................

Lieu de présence : ..............................................................................

Note : ...............................................................................................

.......................................................................................................

## N° d'embauche

## Identification et Carrière

Nom : ...................................................................

Prénom : ...............................................................

Date de naissance : ....................... Nationalité : ...........................

Sexe : ........................................ N° de sécurité sociale : ...............

Adresse : ...............................................................

Emploi : ...............................................................

Qualification : .........................................................

Date d'entrée dans l'entreprise : ......................................

Date de sortie de l'entreprise : .......................................

## Type de Contrat

O Contrat à durée indéterminée     O Apprenti

O Contrat à durée déterminée     O Contrat de professionnalisation

O Salarié à temps complet     O Salarié à temps partiel

O Mis à disposition par un groupement     O Salarié temporaire

    d'employeurs (Nom et adresse du groupement)     (Nom et adresse du groupement)

.....................................................     ....................................................

O Stagiaire     O Autre : ...................................

## Travailleur étranger

Type, date et numéro du titre autorisant le travail : ...........................

.......................................................................

°Copie du titre à intégrer dans le dossier salarié

## Stagiaire

Nom et prénom du tuteur : ............................................

Lieu de présence : ....................................................

Note : .................................................................

.......................................................................

## N° d'embauche

## Identification et Carrière

Nom : ................................................................

Prénom : ..........................................................

Date de naissance : ........................ Nationalité : ..............................

Sexe : ...................................... N° de sécurité sociale : ....................

Adresse : ..........................................................

Emploi : ...........................................................

Qualification : ....................................................

Date d'entrée dans l'entreprise : ................................

Date de sortie de l'entreprise : .................................

## Type de Contrat

○ Contrat à durée indéterminée  ○ Apprenti

○ Contrat à durée déterminée  ○ Contrat de professionnalisation

○ Salarié à temps complet  ○ Salarié à temps partiel

○ Mis à disposition par un groupement  ○ Salarié temporaire

   d'employeurs (Nom et adresse du groupement)     (Nom et adresse du groupement)

................................................  ................................................

○ Stagiaire  ○ Autre : ....................................

## Travailleur étranger

Type, date et numéro du titre autorisant le travail : ...........................

........................................................................................

°Copie du titre à intégrer dans le dossier salarié

## Stagiaire

Nom et prénom du tuteur : ....................................................

Lieu de présence : .............................................................

Note : ..............................................................................

........................................................................................

## N° d'embauche

## Identification et Carrière

Nom : ............................................................................................

Prénom : ......................................................................................

Date de naissance : ........................ Nationalité : ..............................

Sexe : ................................. N° de sécurité sociale : ........................

Adresse : .....................................................................................

Emploi : .......................................................................................

Qualification : ...............................................................................

Date d'entrée dans l'entreprise : .....................................................

Date de sortie de l'entreprise : .......................................................

## Type de Contrat

○ Contrat à durée indéterminée       ○ Apprenti

○ Contrat à durée déterminée         ○ Contrat de professionnalisation

○ Salarié à temps complet            ○ Salarié à temps partiel

○ Mis à disposition par un groupement ○ Salarié temporaire

  d'employeurs (Nom et adresse du groupement)       (Nom et adresse du groupement)

  ...................................        ...................................

○ Stagiaire                          ○ Autre : ...............................

## Travailleur étranger

Type, date et numéro du titre autorisant le travail : ...........................

...................................................................................

°Copie du titre à intégrer dans le dossier salarié

## Stagiaire

Nom et prénom du tuteur : ..............................................................

Lieu de présence : ........................................................................

Note : .........................................................................................

...................................................................................

## N° d'embauche

## Identification et Carrière

Nom : ...........................................................................................................

Prénom : .....................................................................................................

Date de naissance : ....................... Nationalité : ......................................

Sexe : ..................................... N° de sécurité sociale : ...........................

Adresse : ....................................................................................................

Emploi : ......................................................................................................

Qualification : ............................................................................................

Date d'entrée dans l'entreprise : ...............................................................

Date de sortie de l'entreprise : ..................................................................

## Type de Contrat

O Contrat à durée indéterminée     O Apprenti

O Contrat à durée déterminée     O Contrat de professionnalisation

O Salarié à temps complet     O Salarié à temps partiel

O Mis à disposition par un groupement   O Salarié temporaire
    d'employeurs (Nom et adresse du groupement)     (Nom et adresse du groupement)

.................................................     .................................................

O Stagiaire     O Autre : .......................................

## Travailleur étranger

Type, date et numéro du titre autorisant le travail : ....................................

.....................................................................................................................

°Copie du titre à intégrer dans le dossier salarié

## Stagiaire

Nom et prénom du tuteur : .........................................................................

Lieu de présence : .....................................................................................

Note : ..........................................................................................................

.....................................................................................................................

## N° d'embauche

### Identification et Carrière

Nom : ......................................................................................................

Prénom : ..................................................................................................

Date de naissance : ......................... Nationalité : ......................................

Sexe : ............................................ N° de sécurité sociale : .........................

Adresse : ...................................................................................................

Emploi : ....................................................................................................

Qualification : ...........................................................................................

Date d'entrée dans l'entreprise : ...............................................................

Date de sortie de l'entreprise : ..................................................................

### Type de Contrat

○ Contrat à durée indéterminée     ○ Apprenti

○ Contrat à durée déterminée     ○ Contrat de professionnalisation

○ Salarié à temps complet     ○ Salarié à temps partiel

○ Mis à disposition par un groupement    ○ Salarié temporaire
d'employeurs (Nom et adresse du groupement)     (Nom et adresse du groupement)

.........................................................    .........................................................

○ Stagiaire     ○ Autre : ...............................

### Travailleur étranger

Type, date et numéro du titre autorisant le travail : ......................................

....................................................................................................................

°Copie du titre à intégrer dans le dossier salarié

### Stagiaire

Nom et prénom du tuteur : .........................................................................

Lieu de présence : ......................................................................................

Note : .......................................................................................................

....................................................................................................................

## N° d'embauche

## Identification et Carrière

Nom : ............................................................................................

Prénom : ........................................................................................

Date de naissance : ......................... Nationalité : ...................................

Sexe : ............................................ N° de sécurité sociale : ......................

Adresse : .......................................................................................

Emploi : ........................................................................................

Qualification : .................................................................................

Date d'entrée dans l'entreprise : ............................................................

Date de sortie de l'entreprise : ..............................................................

## Type de Contrat

O Contrat à durée indéterminée    O Apprenti

O Contrat à durée déterminée    O Contrat de professionnalisation

O Salarié à temps complet    O Salarié à temps partiel

O Mis à disposition par un groupement    O Salarié temporaire

d'employeurs (Nom et adresse du groupement)     (Nom et adresse du groupement)

........................................................    ........................................................

O Stagiaire    O Autre : ......................................

## Travailleur étranger

Type, date et numéro du titre autorisant le travail : ..........................................

...............................................................................................

°Copie du titre à intégrer dans le dossier salarié

## Stagiaire

Nom et prénom du tuteur : ..................................................................

Lieu de présence : ...........................................................................

Note : ..........................................................................................

...............................................................................................

## N° d'embauche

## Identification et Carrière

Nom : ....................................................................................

Prénom : ................................................................................

Date de naissance : ........................ Nationalité : ...........................

Sexe : ................................. N° de sécurité sociale : ......................

Adresse : ................................................................................

Emploi : .................................................................................

Qualification : ..........................................................................

Date d'entrée dans l'entreprise : .................................................

Date de sortie de l'entreprise : ...................................................

## Type de Contrat

O Contrat à durée indéterminée     O Apprenti

O Contrat à durée déterminée     O Contrat de professionnalisation

O Salarié à temps complet     O Salarié à temps partiel

O Mis à disposition par un groupement    O Salarié temporaire

    d'employeurs (Nom et adresse du groupement)     (Nom et adresse du groupement)

...............................................     ...............................................

O Stagiaire     O Autre : ...................................

## Travailleur étranger

Type, date et numéro du titre autorisant le travail : ...........................

...........................................................................................

°Copie du titre à intégrer dans le dossier salarié

## Stagiaire

Nom et prénom du tuteur : ...........................................................

Lieu de présence : ......................................................................

Note : ....................................................................................

...........................................................................................

Printed in Great Britain
by Amazon